KB029032

추천사

흔들리고 넘어지는 삶의 순간마다 감정을 통제하는 또 다른 나, '내면의 비판자'는 우리를 더욱 나약한 존재로 만든다. 하지만 기억해야 할 것은 그것 또한 나라는 사실이다. 그러니 우리는 끊임없이 나를 설득하고 나와 화해하기 위해 노력해야 한다. 진짜 나를 만나는 길에 이 책이 당신과 함께 해줄 테니, 부디 넘어지는 것을 두려워하지 않게 되기를 바란다. 진흙탕에 넘어지지 않으려고 안간힘을 쓰고 버티는 것보다 넘어지고 깨끗이 씻어내는 게 더 개운한 것처럼, 당신의 삶이 지금보다 조금 더 편안해질 수 있을 것이다.

- 조연주 〈작가, 임상심리사, 나봄미디어심리연구소 대표〉

나를 아프게 한 건 항상 나였다

나를 아프게 한 건 항상 나였다

이혜진 지음

스몰빅라이프 SMALLBIG LIFE

나를 아프게 하는 건 세상이지만, 그 아픔을 지속시키는 건 나 자신이다

돌이켜보면 나에게는 자신감 없던 시절이 꽤 오랫동안 있었다. 20대 후반까지만 해도 나 스스로를 못난 사람으로 규정하며 나를 미워했다. 누군가가 나를 따돌리고 미워하고 욕을 해도 난 싸우지 못했다. 그저 모른 척 조용히 집으로 돌아와 책을 읽으며 숨어들었다. 속시원히 울지도 못하고 늘 구석에 처박혀 있었다.

나는 아파하는 나를 위로하기는커녕, 뭐 그런 걸로 우울해 하느냐고 자책했다. 사람들에게 미움받는 나를 부끄러워했다. 그 누구보다도 나를 보호해야 할 내가 나 자신을 가장 아프게 한 것이다.

그러던 내가 이제는 나의 강점과 매력을 무기로 힘있게 이 세상을 살아가고 있다. 그것은 나에게 새로운 강점이 생겼거나, 이전엔 알지 못했던 매력을 발견하게 되었기 때문은 아니었다. 나는 그저 내가 뭘 잘하고 뭘 못하는 사람인지 알게 되었을 뿐이었다. 하지만 그 깨달음은 많은 것을 변화시켰다.

어디에서나 잘 적응하는 사람은 없다. 사람마다 빛을 발할 수 있는 환경은 따로 있으며, 적절한 환경과 개인이 조합을 이룰 때, 비로소 그 사람은 행복해질 수 있다. 나는 이것을 심리학을 통해, 그리고 지금껏 거쳐온 내 삶의 관계들을 통해 학습했다.

내가 좋아하는 것이 무엇인지, 내가 강점을 발휘할 수 있는 환경은 무엇인지 고민하다 보면 나 자신이 진짜로 원하는 것이 무엇인지를 알게 된다. 그렇게 조금씩 나와의 관계도, 이 세상과의 관계도 편안해진다. 이 책에는 지난 10여년간 상담심리학을 삶에 적용해 오며, 아파하던 나 자신과 화해한 결과물이 담겨 있다. 이전과는 달라지기 위해 새로운 행동을 하는 것부터가 변화의 시작이다.

우리는 새로운 행동을 할 수 있는 존재다. 그리고 계속해서 새로운 행동을 하다 보면, 과거의 패턴으로 돌아가려는 관성을 거슬러 자신의 삶을 새롭게 만들 수 있다. 머리로 아는 것이 삶이 되는 그날까지, 한 걸음씩 나아가면 된다. 당장은 낯설어도, 장기적으로는 내가 덜 아픈 삶, 더 편안한 삶을 만들어갈 수 있다.

낯선 세상을 살아가면서 몇 번의 전환점이 있었다. 그 중에서도 내 인생의 의미 있는 전환점으로 기록해 둔 때는 나의 두 번째 반려견을 입양한 달인 동시에 이 책을 계약한 달이다.

이 책이 만들어지는 과정에서 감사함이라는 감정을 참 많이 느꼈다. 편집자와 나를 연결해 준 심리학자 선배, 출간계약을 제안해 준 스몰빅라이프 출판사, 내 글의 첫 번째 독자가 되어 준 편집자, 그리고 의미 있는 책으로 탄생할 수 있도록 마무리해 준 기획홍보실장에 더해 책 한 권이 탄생하기까지 얼마나 많은 마음과 자원이 들어가는지 경험할 수 있음에 감사한 마음이 들었다.

이 책을 쓰면서 가장 힘들었던 점은 내담자의 개인정보를 드러내지 않으면서, 많은 사람들이 경험하는 고충을 반영하도록 사례를 구성하는 것이었다. 이 책을 보면서 '나, 이 사람 알아'라는 기분이 든다면, 실제 그 사람이 이 책에

등장하는 인물은 아니라는 점을 말씀드린다. 상담심리사로서 만나왔던 수많은 사람들과의 경험을 토대로 되도록 많은 독자분들이 공감할 수 있도록 인물과 상황을 재구성했다. 그래서 '나, 이 사람 알아'라는 기분이 들 수 있을 것이다. 가상의 인물이지만 실제 세계의 사람들이 실제로 겪고 있는 고충과 고민을 반영했기 때문이다.

나는 글을 통해 자신을 멋지게 포장할 능력은 없다. 마음에 들지 않는 내 모습을 감출 여력도 없다. 내가 할 수 있는 이야기를 끄집어내는 것만으로도 버거웠다. 그렇지만 완성하고 보니 기쁜 마음이 생겼다. 이 책이 독자들에게 도움이 될 수 있다고 생각하니 기뻤고, 그 과정에서 나 또한 한 뼘 성장할 수 있었으니 그 또한 기뻤다.

20여 년 전 심리학을 만난 후부터 지금까지 심리학을 놓지 않고 공부하면서 상담자의 길을 걸어왔다. 상담을 통해 "누구나 변화는 가능하다"는 진실을 목도하게 되고, 그 진실을 독자들에게 나눌 수 있어서 다행이라고 생각한다. 누군가가 나의 글을 읽고 자신을 만나는 데 도움이 된다면 얼마나 좋을까 싶다.

철없지만 상담자로서 자주 느꼈던 바람은 "내 말 한마디로, '뿅'하고 마음의 상처가 사라지는 마법이 있으면 좋겠다"였다. 그런 터무니없는 욕심을 마음속에 품고, 언젠간 그 부질없는 바람이 이루어지리라는 꿈같은 희망으로 상담자의 길을 걸어오다 보니 내담자로부터 이런 이야기도 듣게 되었다.

"평생 이렇게 살 줄 알았는데 아니었어요. 전 다르게 살 수 있었어요."
"난 원래 그런 줄 알았는데 그게 아니었어요. 제 원래 모습이 기억이 났어요."
"옛날 그때의 모습으로 돌아간 것 같아요. 웃음 많던, 걱정 없이 해맑던 그때요."

상담자로서 가장 기쁜 순간 중에 하나였다. 결국엔 스스로의 힘으로 상처를 치유하며, 잃어버렸던 자기를 찾아가는 사람들 곁에서 함께할 수 있다는 것, 더 이상 자기가 자기를 아프게 하지 않는 사람으로 성숙해나가는 모습을 목격할 수 있다는 것은 큰 행운이다.

이 책이 아파하는 자신의 마음에 의도적인 주의를 기울일 수 있도록, 자기 자신을 있는 그대로, 편견 없이 바라볼 수 있도록 자극해 주길 바라는 마음이다. 특히 지금 현재 마음이 아프다고, 어떻게 살아야 하는지 막막하다고, 내가 싫다고 느끼는 사람들에게 가닿길 바란다. 만약에 지금 당신이 숨 쉬고 있는 그곳이 칠흑 같은 밤바다 같을지라도, 결국엔 환한 빛을 맞는 날을 만들어낼 수 있다고 나는 믿는다.

봄을 맞이하는 마음으로

이혜진

차례

4장. 사랑에 걸려 넘어진 당신에게

5장. 세상에 걸려 넘어진 당신에게

1장

자신에 걸려 넘어진 당신에게

1 내가 나를 가장 모른다

마음은 기억을 담는 공간이다

지금 내 마음이 어떤지 들여다보는 일이 쉽지 않은 것은 어찌 보면 당연하다. 우리 마음속에는 온갖 보기 싫은 것들이 내재되어 있을 가능성이 크기 때문이다. 살아오면서 경험한 갖가지 불편한 마음들이 내면 한편에 공간을 만들어 살고 있다. 마음에 박혀 상처로 자리 잡은 누군가의 말부터, 지워버리고 싶지만 사라지지 않는 누군가와의 나쁜 기억까지. 우리는 마음속 박물관에 저장해둔 채 살아간다.

현실을 살아가면서 구태여 이 불편한 마음들을 들여다보고 싶지 않은 것 또한 사실이다. 삶에는 해내야 하는 것들이 너무나도 많다. 매일 해야 하는 것들만 하기에도 정신이 없는데, 굳이 내 마음까지 들여다보는 것은 너무 버겁지 않은가?

혜선 씨는 첫 만남부터 자신의 이야기를 막힘없이 풀어냈다. 심리학에 관심이 많아 자기에 대한 탐색도 많이 해봤다고 했다. 혜선 씨는 자기에 대해 많이 알고 있는 것 같은데도 여전히 해결되지 않는 문제가 있다고 했다.

"제가 스트레스를 좀 잘 받는 편이에요. 그래도 제 나름대로 스트레스를 관리하려고 심리책에서 말하는 대로 운동을 하거나 취미를 만들어보기도 하고, 산책도 거의 매일 갔어요. 지금까지 마음이 안 좋을 땐 나름 잘 대처해 왔거든요. 그런데 유독 최근 한 달간은 기분이 계속 축 처져 있어요. 아무것도 하고 싶지도 않고 의욕도 없고요. 식욕이 없는 건 살면서 처음인 것 같아요."

나는 혜선 씨에게 가장 괴로운 것이 무엇인지 물었다.

"잘 지내는 척하는 게 가장 괴로운 것 같아요."

"누구에게 잘 지내는 것처럼 보이고 싶었을까요?"

"모든 사람들에게요. 사람들은 제가 솔직한 줄 알지만 사실 포장된 거예요. 사람들은 늘 제가 의욕이 넘치고 잘 해내는 사람이라고 보지만 사실 아니거든요."

“그런 모습을 연출하느라 힘을 다 썼겠네요.”

“네 선생님. 그렇게 저를 포장해야만 사람들이 절 무시하지 않을 거라고 생각하면서 여기까지 왔는데요. 저 이젠 좀 다르게 살고 싶어요. 그럴 수 있을까요?”

“사람이 괴로울 땐 괴로울 수 있고, 살면서 문제가 생기는 것 또한 자연스러운 일인데 너무 힘주며 살아가게 되면 스스로에게 문제가 있다는 걸 인정하기 어려울 수 있어요. 문제는 해결하면 되죠. 혜선 씨의 깊은 마음을 하나씩 알아가다 보면 결국 풀리거든요. 그래서 지금 혜선 씨의 마음은 어떤 것 같아요?”

“부끄럽고 속상한데 한편으로는 기대되는 마음이 있어요. 혼자 너무 꽁꽁 싸매고 있었던 저에게 미안하기도 하고요. 죄책감도 들어요. 제가 혼자 문제를 해결할 수 있었더라면 상담까지 받을 필요는 없었을텐데, 하는 마음과 이제부턴 나아지지 않을까 하는 설렘이 공존하는 것 같아요.”

“이렇게 내 마음에 솔직해지는 연습을 시작해보죠. 내가 누군가에게 기대는 것이 나약하고 잘못된 일이라고 느끼는 자신을 만나는 일부터. 그리고 지금까지 혼자 애쓰며 타인에게 잘 지내는 모습을 연출하려고 쓰던 에너지를, 이젠 나 자신에게 써보기로 해요.”

진짜 나를 발견하다

인간은 모두 독특하다. 자신의 독특함을 분명하게 인지하고 있는 사람은 자신의 색깔을 세상에 표현하는 데에도 익숙하다. 자신이 느끼고 원하는 대로 표현하되, 사회에서 수용 가능한 범위를 인식하며 조절할 줄도 안다. 자기가 아는 자기를 언제 어디라도 상관없이 있는 그대로 표현하는 것은 오히려 사회에서 적응과정이 생략된 모습일 수 있어, 상황에 따라 자신을 조율할 줄 아는 능력도 필요하다.

이것은 인간으로서 사람들과 조화롭게 살아가기 위한 사회화 능력이다. 그래서 요즘같이 다채로운 역할을 요구하는 사회에 적응하기 위해 때에 맞는 적절한 가면들도 필요하며, 여러 개의 가면을 썼다 벗었다 자율적으로 선택하는 능력도 필요하다. 하지만 자칫 외부에 보이는 자기를 만들어가는 과정에서 지나치게 외부의 가치를 삶의 중심에 두다 보면 부작용이 따라온다.

바깥 세상에 보이는 자신, 혹은 자신이 보이고 싶은 이상적인 자신의 모습만 쫓다 보니, 정작 마음으로 느껴지는 자기를 챙기기가 어려워지는 것이다. 이것을 수년간 동일한 행동 패턴으로 반복하다 보면 습관으로 굳어진다. 나도 모르게 자동적인 습관처럼 내가 만들어놓은 모습을 연기하며 살아가는 것에 익숙해진다. 그러다 불쑥불쑥 내 마음에서 이런 소리가 들린다.

'나는 누구지? 나는 왜 이렇게 겉으로 보이는 거랑 내가 아는 나랑 다르지? 나 정말 이상한 거 아닌가? 나 문제 있는 것 같아.'

혜선 씨는 겉으로 보기엔 누구보다 열정적이고 활발하며 진취적이었지만, 외부에 보이는 그런 모습과 실제 자기 모습은 너무나도 달라 혼란을 느끼고 있었다.

외부 세상, 특히 SNS에서는 글과 말 혹은 이미지라는 수단을 통해 자신이 원하는 모습, 즉 세상에 보이길 바라는 모습으로 연출하는 데 능한 혜선 씨였다. 어느새 스스로도 연출인지 실제인지 착각할만큼 멋져 보이게 자신을 포장하는 능력을 보유하게 되었다. 혜선 씨가 SNS에 업로드하는 글과 사진에 사람들은 반응했고, 멋지게 포장된 혜선 씨의 모습에 찬사를 던졌다.

문제는 그 찬사로 인한 기쁨이 찰나와 같았다는 것이다. SNS 속과는 달리 실제 세상에서는 활발하지 않은 자신을 혜선 씨 스스로가 그 누구보다도 잘 알고 있었다. 실제 세상에서는 혼자 있을 땐 거의 대부분 우울함과 짜증을 느꼈고, 신경질적인 자신의 모습이 너무나도 싫어 없애고 싶었다. 그런 자신의 못난 모습이 외부에 드러나면 사람들이 자신을 이중적인 사람으로 생각해서 욕할 것이라는 두려움에 종종 휩싸였다.

심리학에서는 혜선 씨와 같은 사람들을 '자기일치가 낮은 사람'이라고 부른다. 자기일치가 낮은 사람들은 자신이 만들어 놓은 목표와 실제 습관이 일치하지 않아, 궁극적으로 자신이 원하는 자신의 모습대로 살아가기 어려워한다. 그래서 스스로를 자기 패배적이고 의지가 약한 사람이라고 비난하며 주저앉는다.

변화를 위해서는 주저앉은 그곳에서부터 시작해야 한다. 즉, 자신이 진짜로 원하는 가치와 목표를 재설정하고, 그에 따라 정말로 하고 싶은 행동부터 하나씩 내 것으로 만들어 가는 작업을 하는 것이다. 타인에게 보이는 행동에 집중했던 에너지를, 내가 원하는 목표에 일치하는 행동을 하는 데 쓰는 것이다. 그렇게 되면 점점 일시적인 충동이나 지난 습관에 휘둘리지 않게 되어간다.

자신의 행동에 있어 가장 중요한 가치는 바로 '자신이 설정한 목표에 일치하는가?'이다. 타인의 시선이 아니라 자기가 결정한 것이 그 무엇보다도 중요한 기준이 된다는 뜻이다. 심리학에서는 그렇게 살아야 행복하다고 말한다. 누구나 진정한 자신으로 존재하고 싶은 욕구, 즉 자기를 중요하게 여기고 축하하고 싶은 욕구가 있기 때문이다.

늦었다고 생각하지 말고 이제라도

혜선 씨는 마음의 병과 지독한 싸움을 할 때마다 나에게 이렇게 묻는다.

"선생님, 아직도 늦지 않았겠죠? 이제부터 좋아져도 괜찮은 거겠죠?"

나는 대답한다. 혜선 씨뿐 아니라 나에게 묻는 사람들 모두에게 나의 대답은 같다.

"지금 걸음마를 뗐다는 게 중요합니다. 전혀 늦지 않았어요. 시작했다면 된 겁니다. 이미, 괜찮지 않은 나를 돌보기 위해 에너지를 투자하기로 선택했으니까요."

그리고 하나 더 말하는 게 있다.

"저는 심리학을 만난 게 20대 후반이었어요. 그래서 서른 넘어서도 많이 헤맸어요. 그런데 늦었다고 생각하지 않아요. 아마 30대 후반에 만났더라도 늦었다기보단 이제라도 만나서 다행이다 생각했을 거에요. 마음 돌보기를 훨씬 더 일찍 했다면 정말 좋았겠지만 어쩌겠어요. 언제든 만나기만 했다면 된 거라고 생각해요."

지금 이 글을 읽고 있는 당신도 마찬가지다. 이미 내 마음을 돌보고 싶은 마음이 생겼다면 변화는 시작된 것이다.

우리는 무서운 것을 보면 도망가거나 피하는 데 익숙하다. 사람들은 싸워보다가도 내가 할 수 있는 게 아무것도 없다는 결론이 축적될 경우 무기력을 학습한다. 차라리 포기하는 게 마음 편하지 싶어 회피하는 삶을 사는 이들도 많다. 그런데 조금 다르게 살아보고 싶다면, 성장하고 싶다면 우리에게는 선택지가 있다.

지금까지는 늘 비슷한 방식으로 같은 곳에서 넘어져 왔다면, 이제는 넘어진 바로 그 자리에서 일어나 내 앞에 놓인 장애물에 부딪혀 보고 깨져도 보고 때로는 껴안아도 보며 그렇게 한 걸음씩 나아가는 것이다. 그것이 그토록 원하는 인생의 행복과 즐거움을 내가 나에게 선사할 수 있는 길이다. 그것이 '보이는 나'와 '내가 보는 나'를 조화시키는 길이다.

2

마음 관리, 시작은 몸 관리부터

몸과 마음을 연결하는 방법

2018년 여름, 나는 암 진단을 받고 병실에 누워 암 수술 후 회복을 위해 보름간 입원 생활을 했었다. 지금 스스로에게 "다시 입원한다면 그때처럼 용기 있게 버텨낼 수 있을까?"라고 묻는다면 곧바로 "그럼, 당연히 할 수 있지!"라고 대답하기 어려울 만큼 무서운 기억이다.

내 인생 최대의 위기 상황이었다. 갑작스런 암 진단 후 모든 것이 멈춰버렸고, 하던 일은 양해를 구하고 즉시 그만두었으며, 곧바로 암 진단을 위한 검사 릴레이가 시작되었다. 곧 암 판정을 받았고, 보름 안에 진단과 수술이 모두 끝났다. 몸의 가장 큰 독소 덩어리는 수술로 제거됐지만, 마음의 독소 덩어리는 내 스스로 제거해야 했다. 나의 욕심으로 안 되는 일을 붙잡고 있었던 것이 너무나도 큰 스트레스로 자리 잡아 내 몸도 마음도 썩어가고 있었다는 것을 그제야 인정했다. 스트레스는 더 이상 몸이 감당할 수 없을 정도로 나를 아프게 만들었고, 나를 망가뜨리는 행동을 당장 멈추지 않으면 나는 내 목숨을 잃을지도 몰랐다. 그래서 멈추기로 했다. 죽음을 코앞에 두고.

시간이 흐른 지금 내 몸에는 아직 수술 자국이 남아 있지만, 언젠가 이 자국이 몸에서 없어지더라도 이 수술로 인해 내가 알게 된 인생의 교훈은 내 마음에 반영되어 매일 조금씩 더 성숙한 나를 만들어가게 될 것이다. 삶에서 일어나는 모든 일들이 나에게 자산이 될 수 있다고 믿는다. 그것을 어떻게 해석해서 내 삶에 반영할 것인가, 그래서 나는 또 어떠한 모습으로 변화할 것인가, 그 방향키는 다른 누가 아닌 바로 내가 가지고 있다.

몸속 호르몬이 변화하면 나의 뇌는 이미 내가 변하고 있다는 것을 알아챘다. 그동안 나를 천대하고 하대하고 뒷순위로 미뤘던 습관은 언제든 나의 자유의지로 바꿀 수 있는 영역이라는 의미다.

거창한 것은 필요 없다. 무리하면 오히려 해가 된다. 하루

5분 근력운동이나 스트레칭이면 충분하다. 조금 더 익숙해지면 20분, 40분, 60분 정도 하는 운동도 할 만해진다. 그러다 어느 날은 좀 뛰고 싶어지기도 한다. 그러면 줄넘기를 하다 20분이 후딱 지나가기도 하는 날도 온다.

그렇게 내 몸의 온도를 조금씩 높이다 보면 자연스럽게 나 스스로를 아껴주는 마음이 드러나기 시작한다. 지금까지 방치한 '나의 몸'과 그런 나를 원망하던 '나의 마음'이 서로 화해하기 시작한다. 그렇게 나의 몸과 마음은 서로 연결된다.

무력할 때일수록 움직여라

특별한 신체 질환이 없는데도 불구하고 유난히 몸이 축처지고 기운이 없는 날이 자주 찾아온다면, 내가 지금 어떤 마음 상태인지 돌아볼 타이밍이다. 피로감, 우울감, 자포자기하는 마음과 같은 무력한 기분은 몸으로 자주 나타나는 대표적인 스트레스 반응이기 때문이다.

몸을 더 움직여야 할 것 같은데 마음대로 되지 않는다면 상황은 더욱 악화된다. 무엇이 나의 움직임을 가로막고 있는지 나의 마음을 정돈해 봐야 한다.

그러나 무력할 때일수록 더욱 가만히 있고 싶은 마음이

나를 지배한다. 일어나서 씻으러 욕실에 들어가는 것도 너무 큰 숙제 같다. 귀가 후 씻고 자는 것조차 버겁게 느껴져 바로 침대로 직행하기 일쑤다. 방안에는 정리되지 않은 잡동사니가 쌓여가고, 빨랫감과 먼지는 수북해진다. 그 안에서 먹고 마시고 숨 쉬고 살아가면서 체지방은 늘어가고 몸은 더욱 무거워진다. 생존의 기본인 위생관리조차 귀찮아지는 자신이 되어가는 것이다.

우울증의 진단기준 중에서 우울의 심각도를 판단하는 데 있어 중요하게 고려되는 증상의 하나가 '위생관리에 어려움이 있는가?'이다. 즉, 우울증이 심할수록 위생관리가 안 되고 있는 경우가 많다는 뜻이다. 머리를 일주일 이상 감지 않은 듯 보이거나 방안에서 퀴퀴한 냄새가 나는 등 제삼자가 보기에도 위생관리가 안 되고 있다면 우울증을 의심해 볼 필요가 있다.

몸 관리는 마음 관리와 연결된다. 건강을 위해서는 눈에 보이지 않는 마음을 관리하는 것보다 몸 관리를 하는 것이 더욱 빠른 방법이기도 하다. 몸을 조금씩 움직이다 보면 내가 나의 몸을 돌볼 수 있겠다는 마음이 조금씩 쌓이면서, 몸도 돌봄 받는 데 익숙해진다. 마음의 힘이 자연스럽게 몸에 스며들게 되는 것이다.

예를 들어 하루 5분의 스트레칭을 매일 반복하면 몸 쓰는 경험이 축적되어 내가 몸을 쓸 줄 아는 사람이라는 자기효능감이 느껴진다. 나의 뇌도 이를 인지하기 시작한다. 지금 이 책을 읽고 있다면 자신을 챙기고 싶은 마음이 내 안에 있다는 증거다. 내 몸을 챙기는 것이 내 마음, 더 나아가 나 자신을 돌보는 일이라는 사실 만큼은 잊지 않고 오늘을 살아보자.

패스트푸드나 인스턴트 음식, 자극적인 맛의 배달음식과 온갖 달콤함을 즉각적으로 선사하는 디저트가 유혹해오더라도 이제부터는 그것에 저항하자. 단박에 끊기는 어렵다. 일주일에 7번을 5번으로, 5번을 3번으로 조금씩 줄여가는 것부터 시작하자. 당장의 쾌락도 필요할 때가 있으나, 긴 안목으로 보면 자신을 돌보는 것이 더 중요하다. 습관처럼 배달 어플을 누르는 나에게 '의식적으로' 이렇게 자문해 보자.

"뭘 먹어야 내 마음도 든든해질까?"

"입욕제나 샤워젤을 써보면 기분이 좋아지지 않을까?"

일주일에 하루쯤은 내 몸을 위한 맛있는 한 끼를 내 손으로 차려보는 것도 효과적으로 나의 몸을 돌보는 행동이다. 몸을 챙기는 일이 좋은 이유는 빠르게 기분이 좋아지는 효과가 있기 때문이다. 향기만 맡아도 기분이 좋아지는 샤워젤로 시원하게 씻으면 즉각적으로 긍정 정서가 생성된다. 그러고 나면 나를 위해 다른 무언가를 해낼 새로운 에너지가 생겨나기도 한다. 이것이 바로 샤워로 몸과 마음을 챙기는 일이다.

명상을 일상화하는 것도 좋은 몸 관리 방법 중 하나다. 명상은 몰입을 통해 스트레스를 효과적으로 관리하는 기법이다. 길을 걸을 때나 음식을 먹을 때 등 여러 상황에서 몸에 주의를 기울임으로써 쉽게 실천할 수 있다. 이 활동을 통해 몸과 마음은 자연스럽게 연결된다.

이처럼 작은 행동들이라도 우리의 일상이 되어 차곡차곡 쌓여간다면, 강력한 변화를 일으킬 수 있다. 얼마 후에는 막막할 때 자신을 위해 무엇을 해 줄 수 있을지 빠르게 생각할 수 있게 될 것이다. 그렇게 나를 챙기는 일이 일상의 우선순위가 되어갈수록, 내가 나를 보며 흐뭇해지는 날들이 점점 자주 찾아온다.

3
감정과 싸우지 마라

우리 감정의 목소리

하루하루가 적응의 연속이다. 같은 직장에 출근하더라도 매일이 같지 않다. 나라는 사람이 어제와 똑같다고 가정할지라도 오늘의 직장 상황, 상사의 기분, 클라이언트의 요구사항 등은 예측 불가능하다. 그렇기에 우리는 늘 불확실성을 가득 담고 있는 현실에 적응하며 살아가려 애써야만 한다. 그럴 때 감정이 신호를 준다. 특히 스트레스를 받을 때 우리의 감정은 이렇게 말하곤 한다.

'어라 지금 이 상황이 뭐지? 한마디 해버려?'(불쾌한 감정)
'헉, 무슨 말을 해야 할지 모르겠어.'(불안한 감정)

자신의 감정이 말하는 소리를 정확하게 바라보는 능력이 있다면, 어떠한 갈등 상황이 찾아오더라도 적절하게 대처해나갈 수 있다. 문제는 자신의 감정을 있는 그대로 바라보지 않고 외면할 때 찾아온다. 하지만 대부분의 사람들은 자신의 실제 감정이 무엇인지 잘 모르는 채 살아가는 경우가 많다.

몇 년째 심리학책으로 독서 모임을 열고 있다. 지금까지 20기 넘게 진행을 해오면서 알게 된 사실이 있다. 모임에 찾아오는 사람들이 공통적으로 감정 조절을 어려워한다는 것이다.

그들이 말하는 어려움은 겉으로는 대개 티가 나지 않는다. 대부분이 평범해 보이며, 오히려 밝아 보이는 사람들도 많다. 바깥에서는 아무런 우울감이 느껴지지 않지만 이들의 마음을 자세히 듣다 보면 꽤 오랜 기간 우울감을 숨기면서 살아왔다는 걸 알 수 있다. 우울감은 늘 소리 없이 찾아오며 한번 찾아온 우울감은 쉽사리 사라지지 않기 때문이다. 감정을 제대로 바라보지 않는 일상이 반복되면 감정에 관한 부적응적인 대처가 습관이 된다.

감정을 어렴풋이 느끼지만 피하는 게 습관이 된 사람들

도 흔하다. 안 그래도 불편한 감정을 정면으로 들여다보는 일은 마치 무서워하는 공포대상을 뚫어지게 바라보는 일 같이 느껴지기 때문이다. 그런 사람들은 심리학에서 말하는 '회피'라는 방어기제를 쓰고 있다.

피하는 건 맞서는 것보다 훨씬 더 쉽게 느껴진다. 어린 시절 감당하기 힘든 트라우마를 경험해서 피하거나 얼어붙어버리는 반응이 몸에 밴 사람들은 어떤 불편한 감정이 발생했을 때 그 감정 자체를 바라보지 않고 외면하기를 선택하는 대처방식이 자연스러운 습관이 된다.

이런 경우 보고 싶은 감정만 보며 살아가는 데 익숙해지기 때문에 불편한 감정을 야기하는 모든 것을 피한다. 불편함 자체가 거부대상이 되어버리는 것이다. 그럴 경우 불편감을 견디는 힘, 다시 말해 스트레스에 대한 내성 자체가 부족해진다.

감정은 결코 사라지지 않는다

부정적인 감정 자체를 견디고 참는 게 습관이 된 사람들도 많다. 그들은 부정적인 감정은 아무도 모르게 스스로 해결해야 하는 것이라고 배워왔고, 또 이삼십 년을 끙끙 앓는 한이 있더라도 혼자서 처리하려 안간힘을 쓰며 살아왔다.

그런데 문제는 부정적인 감정을 참는다고 그 감정이 사라지지 않는다는 점이다. 부정적인 감정을 숨기면서 자란 많은 사람들은 성인이 되어서도 그 감정을 억누르거나 없애려고 부단히 노력한다. 실제로 억눌러지기도 한다. 감정도 습관이 되기 때문이다.

"밖에 있을 땐 그냥 어떻게든 지내는데 집에 와서 혼자 있을 땐 공허해요. 우울한 건 매일이고요. 그냥 이젠 너무 자주 있는 일이라 없어질 것 같지가 않아요. 어떻게든 음악을 듣던지 웹툰을 보든지 해서 빨리 잠들려고 해요. 지겹지만 어쩌겠어요. 어쨌든 그 순간은 피하고 싶으니까요."

그렇게 그날그날 생겨난 감정을 어떻게든 외면하고 잠들기에 성공한다. 다음날 또 해야 할 일을 하면서 살아가다 보면 전날의 감정은 잊힌 듯하다. 그러나 살아가면서 겪게 되는 어떤 사건이 묵혀뒀던 감정을 툭 건드리고 지나갈 때가 있다.

'그때도 그랬는데…!'

없어진 것 같았던 감정은 내 안에 그대로 남아 불현듯 내 앞에 나타난다. 오히려 감정이 증폭되어 폭발하는 경우도 있다. 그렇게 부적절하게 감정을 표출하게 되면 '그렇게까지 화낼 일이 아닌데 사소한 것에 화내거나 어쩔 줄 몰라 하는 자신'을 발견한다. 그런 나를 보며 사람들은 별나게 예민한 사람이라고 비난하기도 한다. 상처받은 영혼을 그대로 두기엔 너무 힘들다. 이대로 살기엔 너무 지친 상태로 오늘을 살아간다.

바깥에 나의 감정을 꺼내놓기 전까지는 '나만 그런 것 같다'라는 마음이 나를 더 고립시킨다. 절대로 누구에게도 들키면 안 될 것 같은 비밀처럼 내 감정도 굳어진다. 그런데 막상 세상에 꺼내놓고 보면(특히 비슷한 고민을 가진 사람들이 있을 확률이 높은 모임에 가 보면) 나만 그런 게 아니라는 점을 확인하게 된다.

나만 그런 감정으로 그런 마음으로 힘들었던 게 아니라는 걸 알게 되는 그 순간부터 내 감정의 타당화가 시작된다. 충분히 그럴 수 있다고. 그런 감정을 가지는 게 이상한 게 아니라고. 그동안 어찌할 바 몰라 외면해왔던 감정들을 하나씩 이해하고 알아가며, 부정적인 감정도 소화해나가는 방법을 배워나갈 수 있다.

감정을 외면하는 데 익숙한 사람들은 '좋은 게 아니면 싫은 것'이라는 식으로 극단적으로 분열된 모습도 함께 나타내는 경우를 많이 본다. 좋았던 사람도 어떤 행동 하나 때문에 싫어지는 사람들이 많다. 연수 씨의 경우가 그랬다.

“같이 일하는 동기가 뒤에서 제 이야기를 한 거예요. 앞에서는 전혀 내색이 없었거든요. 잘 지내고 좋게 보고 있었는데 나중에 알고 보니 저 없는 술자리에서 울면서 저 때문에 힘들다고 사람들에게 말했더라고요. 그 말을 듣고는 정이 확 떨어졌어요.”

나는 연수 씨가 구체적으로 어떤 점에서 배신감을 느꼈는지 궁금해서 물었다.

“사실 그 사람이랑 예전처럼 엄청 친한 것도 아니고, 그 사람이 저를 싫어하든 말든 이젠 크게 상관은 없는데 사람들에게 저에 대해 안 좋은 소문을 퍼뜨릴까 봐 무서운 것 같아요. 없는 얘기를 지어내는 것이 특히 싫어요. 과장해서 말한 게 있더라고요. 사람들은 오해할 텐데, 억울해요.”

말을 꺼내기 전까지 연수 씨는 자신의 화가 단순하게 뒷담화를 한 동기와, 그런 동기를 피하고 있는 자신에게서 비롯된 것이라고만 생각하고 있었다. 하지만 한 단계 더 들어가 마음을 살펴보니 오해받기 싫은 마음, 그리고 오해받는 것 같아 억울하고 화난 감정이 저변에 깔려 있었다.

그리고 더 깊숙한 곳에는 오해 때문에 사람들이 자신을 싫어할까 봐 두려워하는 감정도 숨어 있었다. 이것이 자신의 감정이 말하는 소리를 정확하게 바라보는 과정이다. 그 감정을 충분히 이해하고 추슬러주는 것이 문제 해결의 출발점이다.

감정의 질감을 만져보기

기분이 '좋았다/안 좋았다'를 반복한다면 감정선을 세세히 살펴보는 연습을 하는 것이 도움이 된다. 감정은 그렇게 두 가지로 딱 갈라져 있지 않기 때문이다. 어떤 감정이 두드러질 때 '어, 지금 이 감정은 어떤 거지?'라고 잠시 멈춰서 들여다보는 것만으로도 감정 인식 능력은 향상된다. 단순히 '좋네/나쁘네'로 끝내는 것이 아니라, '어, 지금 이 감정이 어떤 거지?'라고 물어봐 주는 것만으로도 나의 감정은 외면당하지 않을 수 있다.

'내 감정이 이렇구나. 화가 났구나. 그래서 답답하고 다 하기 싫어지고 도망치고 싶어졌구나.'

이렇게 알아주는 것이다. 그다음 그렇게 화가 난 나에게 이렇게 물어보자.

'지금 어떻게 하고 싶어?'

'어떻게 하면 좀 화가 풀릴 것 같니?'

그리고 현실에서 어떻게 해소할 수 있을지에 집중하다

보면, 나의 화난 감정은 자연스럽게 해소되는 방향으로 흘러간다.

우리는 왜 자신의 감정을 인식하는 데 이토록 서투른 것일까? 심리학자들의 연구에 따르면 어린 시절의 정서 경험은 성인이 되어서도 지속적으로 영향을 준다. 즉, 성인의 정서조절능력은 어린 시절의 경험에 직결된다. 예컨대, '부정적인 건 숨겨야 해!', '긍정적인 것만 보여야 해!'와 같은 이야기를 많이 듣고 자란 아이는 부모님에게 밝은 모습만 보이며, 온갖 불편한 감정들은 혼자서 숨기며 성장한다.

이렇게 항상 긍정 정서만 보여야 한다고 학습 받고 자랐다면, 살면서 느껴지는 자기 안의 부정 정서, 인간으로서 당연히 가지게 되는 우울, 불안, 수치심 등을 바깥세상, 특히 가장 드러내고 공감 받고 싶은 가족에게조차 드러내지 못한 채 혼자 꼭꼭 숨기는 게 습관이 된다.

그리고는 혼자 생각한다. '나는 왜 이렇게 이상하지? 나는 왜 이렇게 부정적이지? 나는 왜 이렇게 우울한 생각을 할까? 부족함 없이 자랐는데 왜 난 이럴까?' 이렇게 부정 정서가 느껴지는 것 자체를 죄악시하며 성장한다. 죄책감이 축적되면 나 자신에 대한 수치심으로 발전되기도 한다. 즉, 나 자신을 부끄러워하는 마음이 나를 지배하는 것이다. 수

치심은 인간이 경험하는 감정 중에 가장 고통스러운 감정으로 손꼽힐 만큼 나의 영혼을 갉아먹는다.

인간의 감정은 다양하다는 것을 초등학교 때 배웠다면 얼마나 좋았을까. 감정에는 옳고 그름이 없다는 사실을 아주 어린 시절부터 배웠다면 감정을 외면하는 일이 줄어들었을 텐데 말이다.

하지만 이제라도 늦지 않았다. 감정을 학습하자. 감정은 그냥 감정이다. 그것을 어릴 때 배우지 못했을 뿐이며, 지금부터라도 알아가면 된다. 우울하고 불안한 감정은 견디기 힘들고 다루기도 까다롭다는 특성이 있기 때문에 피하고 싶은 감정이지만, 그조차 인간이기에 느낄 수밖에 없는 자연스러운 감정임을 알아가자.

나쁜 감정이나 좋은 감정이 따로 있는 것이 아니다. 판단하거나 분류할 필요도 없고, 그냥 그 감정 그대로를 읽어주자. 내 안의 감정, 내가 살아가면서 느끼는 감정은 다 내 것이며, 그 감정에는 다 이유가 있다는 사실을 아는 것이 중요하다. 감정이 말하는 소리를 가장 정확하게 들어줄 수 있는 건 나의 연인도 나의 가족도 아닌 바로 나다. 내가 정확하게 들어주지 않으면 과연 그 누가 나만큼 들어줄 수 있겠는가.

한 심리학자는 "감정은 알아주지 않으면 귀신처럼 평생

을 따라붙는다"라고 말했다. 그러니 이제부터는 어떠한 감정이든 나에게 말을 건다면 그 감정을 있는 그대로 바라보자. 그리고 그 감정에게 물어보자. 지금 여기에서 내가 어떤 것을 주면 좋겠냐고. 어떤 게 필요하냐고. 그렇게 감정을 외면하지 않는 자신이 되어가는 연습을 하자. 마음 관리는 연습하면 얼마든지 가능하다.

4
내가 나를 멀리할 때 외로워진다

함께 있어도 외롭다

젊은 시절의 나를 돌아보면 외로움이야말로 나를 괴롭히는 주된 감정이었다. 특히 20대 후반에는 외로워서 죽을 지경이었다. 과장일 수 있지만, 그땐 정말 그렇게 느꼈다. 내가 경험한 외로움은 우울보다도 강력한 폭탄처럼 느껴졌다. 마치 갖고 있기엔 너무 무서운데 터질까 봐 갖다 버리지도 못한 채 주저하고 있는 상태처럼. 나는 내게 찾아온 외로움을 없애버리고 싶었다. 절대 있으면 안 될 것이 온 것처럼 반응했다.

2000년대만 해도 혼밥이 유행하기 전이었다. 사람들은 나를 혼밥과 혼술을 즐기는 쿨한 사람처럼 보았지만, 사실

나는 집에 혼자 있는 것이 너무 외로워서 밖에 나간 것이었다. 20대의 나는 불특정다수의 수많은 사람들과 흐릿한 연결감이라도 있어야 버틸 수 있었다. 식당이나 카페에 앉아 있으면 주위 사람들의 목소리나 직원들의 응대 소리 등 다양한 자극과 연결될 수 있었고, 영화를 보면 영화 속의 스토리와 사람들에게 연결될 수 있었으며, 서점에서는 수많은 책들과 연결되며 혼자라는 외로운 느낌을 지울 수 있었다. 집에 혼자 있는 것이 너무 싫었던 나는 서점이 문 닫는 시각까지 밖에서 떠돌아다니며 외로움과 싸웠다.

제발 좀 없어지길 간절히 바랐지만, 결과적으로 외로움은 사라지지 않았다. 나의 외로움은 없애려 할수록 없어지기는커녕 더욱 더 커져만 갔다. 결국 나는 나의 외로움을 달래려고 사람이 아닌 일에 빠지는 선택을 했다. 적어도 일에 빠져있는 순간만큼은 외롭지 않았다. 일을 얘기할 동료들에게 의지하면서 나의 외로움을 달랬다. 물론 집에 들어와서 혼자가 되면 또 다시 외로움이 나를 괴롭혔지만.

이 글을 쓰고 있는 2021년에는 '혼족'이 대세다. 혼자가 더 편하고, 혼자 사는 삶을 택하는 사람들이 많아졌다. 스마트폰 속 세상에서 구독자로 진행자와 소통하는 것도 가능하다. 혼자를 자발적으로 택한 대신, 외로움을 감수하면서 말이다. 외롭지만 혼자가 편하다는 이점을 누리기로 선택한 사람, 관계에 드는 감정 소모보다는 거리가 있더라도 다칠 위험이 없는 쪽을 선택하겠다는 마음이 많다. 우리나라의 가구 구조도 꾸준히 변화하고 있다. 통계청에 따르면 2020년 기준으로 1인 가구는 전국 가구의 30%로 증가추세에 있다.

그러나, 혼족이 자발적으로 선택한 고독(孤獨)은 표준국어대사전의 정의 자체도 세상에 홀로 떨어져 있는 듯이 매우 외롭고 씁쓸한 상태로 묘사된다. 그만큼 홀로 있는 경험은 사회적 고립감, 사회불안 및 단절감과 관련이 있고, 이는 외로움을 유발할 수 있다.

혼자 있는 사람만 외로움을 겪는 건 아니다. 연애를 하거나 가족과 함께 사는 사람들도 외로움을 겪는다. 안정적인 관계는 없는데 물리적으로만 함께 있는 경우 더더욱 큰 외로움을 느낀다.

'왜 내 곁에 사람들이 있는데도 외로울까?'

그런 내가 이해되지 않고 내가 이상한 사람인 것 같은 느낌마저 든다. 겉으로 보기엔 혼자가 아닌데 왜 스스로는 혼자라고 느끼는 걸까? 그 마음을 자세히 들여다보면 깊이 있는 관계의 부재가 근본 원인으로 나타난다. 즉, 관계하고 있는 것처럼 보이지만 실제로 깊은 속마음을 나누며 진실된 소통을 하지 못한 채 관계를 '유지'하고만 있는 것이다.

깊이 있는 커뮤니케이션을 한다는 것 자체가 너무 어려운 일이라고 느끼는 사람들이 많다. 속마음을 있는 그대로 꺼내서 얘기하는 것 자체가 하면 안 되는 일로 느껴지거나, 해본 적이 없기에 어떻게 하는지 막막하게 느껴지는 것이다.

그래서 연인에게도 좋은 게 좋은 거, 굳이 이런 말까지 해야 하나… 넘어가며 재미 위주의 데이트에 만족하려 애쓴다. 좋은 모습만 서로에게 보여주며, 내 안의 서운함, 부정적인 측면은 보이지 않기로 선택한다. 그 어두움은 오롯이 내 몫이 된다. 사실은 의지하고 싶고 힘들고 어두운 마음도 꺼내어 얘기할 수 있는 관계를 원하지만, 실제 관계는 피상적인 수준에서 머무른다. 그 결과, 친밀감의 욕구는 점점 더 좌절되고 외로움은 더해간다.

한국인들이 느끼는 외로움의 특이성

사람들이 느끼는 외로움이란 감정은 참고 견딜 수밖에 없는 것이라는 인식이 오랫동안 지속되어 왔기에, 이에 대한 개념이나 원인, 양상 등에 대한 구체적인 분석은 비교적 최근에서야 이루어지기 시작했다.

심리학은 외로움을 '스스로 지각한 사회적 고립상태'라고 정의한다. 연구에 따르면 걱정, 무력감, 분노보다 낮은 행복감과 더 강력한 상관관계를 갖는 요인은 외로움인 것으로 나타났다. 외로움을 그대로 방치할 경우 몸과 마음의 건강을 해칠 위험성이 높아, 걱정이나 무력감 같이 흔히 경험하는 부정적인 정서보다 더욱 주의를 기울일 필요가 있다는 것이다.

더욱 심각한 문제는 한국인들의 외로움이 일본이나 미국인보다 더 깊다는 연구 결과다. 연구진들은 하나의 관점만으로 한국인의 외로움을 이해하고 정의하는 데 한계가 있을 것이라는 관점에서, 한국인이 많이 경험하고 있는 외로움의 양상을 다음 세 가지로 제시했다.

첫째는 집단에 대한 외로움이다. 이는 개인들이 뭉쳐 '우리'의 힘을 중시하는 한국문화에서 우리가 되지 못했을 경우에 경험하는 외로움을 뜻한다. 예를 들어, 우리는 자신이 의미 있게 여기는 집단으로부터 거리감을 느끼게 되면, 두렵고 절망스러워한다.

두 번째는 '타인과의 비교'를 통해 느끼는 외로움이다. 자신의 삶이 타인의 삶 혹은 사회적 기준에 미치지 못한다고 판단될 때 경험하는 외로움을 뜻한다. 예를 들어, SNS에서 '좋아요' 또는 팔로워 등의 숫자가 높은 사람을 보면 나만 혼자인 것 같아 소외감을 느낀다.

세 번째로는 '과하게 밀착된 관계'에서 심리적 거리감이 느껴질 때 경험하는, 융합에서의 외로움이다. 예를 들어, 가까운 존재로부터 충분한 관심을 받고 있지만 때때로 내 안에 무엇이 있는지, 내가 누구인지 모르는 느낌으로 혼란스럽고 공허하다고 느끼는 상황이 이에 해당한다.

요약하면, 한국인은 우리가 되지 못한다고 느낄 때, 다른 사람들보다 삶과 관계의 질이 떨어진다고 느낄 때, 가까운 관계에서 거리가 느껴질 때 주로 외로움을 경험한다. 집단주의를 근간으로 하는 한국인의 외로움은 개인주의를 근간으로 하는 서구문화권의 외로움과 질적으로 다르다.

그렇다면 이렇게 타인과의 관계에 신경 쓰는 한국인이 외로움에 대처하려면 어떻게 해야 할지 생각해 볼 차례다. 먼저 자신이 자주 경험하는 외로움의 유형을 알아차리는 것이 필요하다. 위의 나온 세 가지 유형 중 어디에 해당되는지 파악하는 것이다.

다음 단계로, 나의 외로움의 유형에 따라 '혼자가 될 수 있는 힘'을 키우는 작업을 꾸준히 해 봐야 한다. '혼자 있는 시간은 외로운 시간이다'라는 개념을 '혼자 있는 시간은 나의 내면과 만나는 시간이다'로 바꾸어 보는 것이다. 이전에 타당성을 검증해보지 않고 너무나 당연하다고 여겼던 생각에 대해, 정말 그런지 재고해 보고 새롭게 정의하는 것이다.

집단에 대한 외로움을 강하게 느끼는 사람은 내가 속하고 싶은 집단에 시선이 가 있다. 그리고 혼자 남은 것 같은 나를 비교하며 고통을 재생산한다. 이럴 때 그 집단이 나에게 어떠한 의미를 가지는지, 나는 왜 그 집단의 '우리'가 되고 싶은지 등 한층 더 깊은 마음을 탐색해 보는 작업이 도움이 된다. 단지 '나는 저 집단에 낄 수 없다'라는 좌절감에 머무는 것에서 벗어나, '나는 왜 저 집단을 신경 쓰는가?' 등의 심리적 원인을 찾아가다 보면 각자의 원인을 찾게 된다. 그렇게 하면 외로움을 자기의 내면을 만나는 시간으로 재구성할 수 있다.

타인과의 비교를 통해 외로움을 유독 잘 느끼는 사람은 불특정 타인에게 시선이 가 있는 자신을 돌아보는 작업에 집중해 보자. '왜 나는 내가 어떻게 느끼는지보다 타인이 나를 어떻게 보느냐를 더 신경 쓸까?', '나의 내면에는 어떤 것이 들어있기에 외부의 반응과 자극을 좇으며 허망해할까?' 이런 질문들을 스스로 던져보는 것이다. 외로움이라는 마음에 빠져있기보다는 외로움을 계속해서 만들어내는 나에게 원하는 것이 무엇인지 물어보는 작업을 통해 외로움을 재구성할 수 있다.

마지막으로 과밀착된 관계에서의 거리감으로부터 외로움을 느끼는 사람들은 연인, 친구, 가족과 같이 주변 사람과의 관계에서 지나치게 밀착되어있는 자신을 살펴보는 것부터 시작해야 한다. 파트너와의 거리감이 느껴지지 않도록 자신의 욕구를 지우는 방식으로 파트너에게 맞추어 왔다면 어느새 자신이 원하는 것보다는 상대방이 원하는 방식으로 행동하며 자율성을 잃어간다.

그렇게 상대방과 멀어질까 두려워 애쓰지만, 애쓰면 애쓸수록 공허한 자신과 만나게 된다. 결국 그런 관계는 건강하게 이어지기 어려우며, 이렇게 과밀착된 관계에 자주 빠지는 자신의 관계 패턴을 돌아보는 것부터 외로움의 재구성을 시작할 수 있다.

외로움, 그 이면에 숨어있는 나와의 관계를 탄탄하게 만드는 데 집중해 본다면, 외로움이라는 표상을 통해 진짜 내 마음이 원하는 메시지를 찾을 수 있다. 관계는 타인과 나와의 관계만 있는 것이 아니라, 자기와 자기와의 관계도 존재한다는 것을 경험을 통해 알아가자. 삶은 외로울 때도 있고 때론 따뜻하고 포근할 때도 있다. 살아가면서 겪게 되는 이런저런 상황에서 유연하게 대처하는 것, 그것이 어른의 마음 관리다.

5

진짜 외모는 자존감에서 나온다

칭찬을 받아도 불편해진다

외모는 세상에 가장 먼저 드러나는 '보이는 나'의 상징 같은 영역이다. 눈에 보이는 것에 대해 얘기하기가, 눈에 보이지 않는 것보다는 쉽기도 하다. 친밀한 관계가 아니더라도 가볍게 자주 언급되는 주제가 세상 돌아가는 얘기와 더불어 외모가 아닐까 싶다.

'옷이 멋지네', '살 빠진 것 같은데?', '오늘 머리 잘됐다.'

우리가 세상에 보이기로 선택한 모든 것은 피드백의 대상이 될 수 있다. 조금 더 깊이 들어가면 얼굴의 생김새(코는 좀 낮네? 혹은 코가 높아서 좋겠다)를 포함해서 남의 신체에 대해 거침없이 이야기하는 사람들도 많다. 말하는 자의 의도가 어쨌든 해석은 듣는 자의 몫이다.

'너는 먹는 만큼 살이 안 찌나 봐', '네 애인은 키가 엄청 커', '피부가 어쩜 그렇게 하얘요?'

가끔씩 듣는 외모에 대한 칭찬은 순간적으로 기분 좋게 넘어갈 수 있다. 하지만 자주 만나는 사람, 혹은 나에게 매우 중요한 사람이 만날 때마다 나의 외모에 대해 세세하게 피드백한다면 나도 모르게 그 말을(특히 그 사람을 만날 때) 신경 쓰게 되어가며 피곤함을 느낀다.

(만날 때마다 애인이 날씬한 몸을 칭찬한다면)
'나는 살이 찌면 안 되나 봐.'
(애인이 메이크업한 얼굴을 칭찬하면)
'사실 민낯은 이렇지 않은데. 맨얼굴 보면 실망하겠네?'

외모에 대해 찬사를 받는 순간의 달콤함이 잊히지 않는다면, 반대로 외모에 대해 비난이 섞인 평가를 두려워하는 마음이 함께 커진다. 외모에 대한 찬사도 비난도 평가이기 때문이다.

'나는 슬림한 게 매력인 것 같아.'
→ '먹고 토하는 한이 있더라도 살찌는 건 막아야 해.'

'내 애인은 내 외모 때문에 만나는 것 같아.'
→ '더 예쁜 사람이 생기면 떠나가겠지?'
'역시 완벽하게 세팅했더니 다들 예쁘다고 하네?'
→ '완벽하게 세팅하지 않은 모습은 무시당할 거야.'

코로나19로 마스크 쓰기가 일상화되면서 나타나는 외모 관련 걱정도 자주 듣는다. 마스크를 벗는 순간 상대방이 내 외모에 실망하면 어떡하냐는 걱정이 따라온다는 것이다.

예를 들어, 눈의 생김새는 자신 있는데, 코나 입술이나 피부, 전체적인 얼굴의 균형 등 외모에 콤플렉스가 있는 사람들은 마스크 뒤에 자신을 가린다. 외모 또한 중요한 나의 일부이지만 어느 순간 나의 가치를 외모로 한정 짓는다면 나의 내면은 공허감을 호소한다.

'내 외모가 이 정도 되니까 사람들이 나한테 관심을 보이겠지. 내 외모가 이렇지 않으면 사랑받을 수 없었을 거야.'

이렇게 겉과 속의 괴리감은 더욱 커진다.

사람에게는 누구나 고유한 매력이 있다. 그러나 많은 사람들이 자신의 매력을 믿기 어려워한다. 칭찬을 듣더라도 긍정적인 기분은 잠시뿐, '이 말이 진짜가?' 의심하기도 하고, 오히려 '역시 내 외모만이 칭찬받을 수 있구나. 꾸밀 때랑 안 꾸몄을 때 사람들 대접이 너무 다르잖아?'라고 생각하며 나 자신을 향한 긍정적인 기분을 느끼는 데 머무르기보다는, 외모만을 칭찬하는 사람들을 오히려 무섭게 느끼는 이들도 많다.

만약 속은 허한데 외면만 가득 채운다면 그 모습은 어떨까? SNS 속 찰나의 사진으로 내면의 공허함을 감쪽같이 숨길 수 있을 것 같지만, 실제 세상에서 만나 깊이 있는 대화를 하다 보면 감췄던 마음속 어두움이 모습을 드러낸다. 우리의 마음도 외모처럼 자세히 보면 그 모양이 드러나기 때문이다.

빛나는 외모 뒤에 숨겨진 어둠

승현과 수인 커플은 선남선녀의 대명사로 불린다. 이들은 SNS에서 멋진 비주얼로 유명하다. 그들이 커플 사진을 올릴 때마다 수많은 사람들이 외모에 대한 칭찬을 해와서, 이를 기대하는 것은 당연한 일이 되었다. 그런데 승현 씨의 속마음은 겉으로 보이는 것과는 매우 달랐다.

"SNS에는 왜 이렇게 잘나가고 멋진 사람들이 많은 걸까요? 몸도 좋고 비싼 음식도 매일 먹으러 다니고. 저만 이렇게 돈 한 푼에 벌벌 떠는 것 같아 초라해요. (SNS 속 자신이 팔

로우하는 사람들을 보여주며) 이것 좀 보세요. 다들 너무 멋지죠?"라고 말하는 승현 씨에게 나는 본인이 생각하는 본인의 SNS 이미지는 어떤지 물었다.

"(자신의 인스타그램을 보여주며) 저는 이 한 장 건지려고 엄청 노력한 거예요. 실제랑은 차이가 많죠. 보정 어플도 쓴 거고요. 사람들은 포장한 모습만을 보고 찬사를 던지는데. 사실 그게 진짜가 아니잖아요.

제가 꾸미던 안 꾸미던 상관없이 그냥 저를 있는 그대로 좋아해 주는 사람이 있으면 진짜라고 느낄 것 같은데. 수인이도 제 외모 때문에 만나는 게 클걸요? 사실 수인이가 저를 좋아하는 것 같긴 하지만 만약에 제 외모, 특히 키가 수인이 기준에 미달했다면 저를 만났을까요? 저도 처음에는 수인이의 겉모습에 매력을 느낀 건 사실이니까요.

수인이가 누가 봐도 '우와'할 정도의 비주얼을 가져서 더 제 연인이 되었으면 좋겠다고 느끼긴 했어요. 수인이도 그렇지 않았을까요? 저희가 남들에게 보여주기식 연애를 하는 건 아닌지. 이런 게 사랑이 맞는지는 솔직히 모르겠어요."

SNS 스타인 승현 씨는 이처럼 겉보기와는 달리 공허함에 시달리고 있었다. 이런 일은 승현 씨만의 일이 아니다. 주변을 살펴보면 비슷한 사람들이 주위에 심심치 않게 보인다는 걸 알 수 있다. 그들의 빛나는 외모에 비해 내면에 자리 잡고 있는 어둠은 유독 더 어둡다.

외모가 평가의 잣대가 될 때

우리나라 20대 여성들 사이에서 광범위하게 공유되고 있는 '인생 사진' 문화를 분석한 2020년의 연구를 살펴보면, 한국인 여성에게 외모가 어떤 의미인지 알 수 있다. 이들은 자기 사진을 연출하는 행위, 즉 개인이 마치 연예인 화보를 촬영하듯 자신의 외모를 선별하여 노출함으로써 자신이 사회에서 차지하는 객관적인 위치를 가늠한다. 여기서 외모는 단순히 보여지는 모습이 아니라, 사회적 평판이자 권력으로 작용한다.

내면의 가치보다는 외면의 가치가 중시되는 외모지상주의 사회, 다른 말로 루키즘(lookism)이 존재하는 한국에서, '외모가 권력이 된다'는 관념은 남성의 외모 관리 행동에도 영향을 주고 있다.

대학내일 20대 연구소에서 조사한 〈15~34세 남성 외모 관리 실태 및 인식 조사〉에 따르면 조사 참여자의 대부분은 지난 1년 내에 외모를 관리했던 경험이 있다고 응답했다. 꾸준히 외모를 관리하는 동기에 대한 질문에서는 자신감 획득, 스스로의 만족감, 대인관계 유지, 그리고 사회적 성공 등의 순으로 응답하였다.

개인의 외모는 20대 이후에도 여전히 사회에서 가치를 발휘한다. 블라인드 취업 시대인 지금도 여전히 취업 면접에서 외모 관리에 기본적인 투자가 필요하며, 20년 회사 생활 후 승진평가에 임할 때도 여전히 외모는 평가된다. 공개적인 평가지표에는 포함되어 있지 않지만 말이다. 실질적으로 세상에서 외모는 권력으로 작용하고 있다.

승현 씨 커플도 다르지 않았다. 사실은 노메이크업에 수수하고 편안한 차림을 선호하는 그들이었지만, 데이트할 때만큼은(혹은 사람들을 만나거나 사진에 찍힐 일이 있을 때만큼은) 풀메이크업에 머리끝부터 발끝까지 깔끔하게 신경 썼다.

과연 누구를 위해 이렇게까지 하는 것일까. 승현 씨는 결국, 타인에 의해 자신이 어떻게 평가되는지, 소위 말하는 자신의 '급'과 위치가 어디인지를 신경 쓰는 본인의 모습을 발견했고, 자신도 마찬가지로 누군가의 외모를 보며 등급을 매기면서 평가하고 있음을 깨달았다. 우리도 모르게 내면화한 '외모지상주의'적 사고는, 우리 모두를 평가로부터 자유롭지 못하게 만들고 있는 게 현실이다.

외모 평가에 휘둘리지 않는 방법

이런 세상에서 어떻게 살아가면 좋을까? 끊임없이 외모에 신경 쓰는 자신을 발견하는 일은 생각보다 불편한 일이다. 외모 자체에 신경 쓰는 것은 곧 외부 세상에 드러나는 나의 위치를 신경 쓴다는 의미일 수 있기 때문이다.

이는 단지, 권력이나 더 큰 사회적 영향력을 거머쥐겠다는 욕망만이 아니라, 그 이면에는 사회에서 사람들로부터 존중받지 못할까 봐 두려운 마음이 숨겨져 있을 가능성이 높다. 끊임없이 외모에 신경 쓰는 자기를 발견했다면, 외모로 평가하는 사회에서 함부로 판단 받지 않기 위해 외모를 완벽하게 통제하려는 나의 마음을 헤아려 볼 차례다.

타인으로부터 평가당하는 것을 유쾌하게 여기는 사람은 없다. 나의 외모에 대해 지적이라도 받는다면 아무리 사소한 말이라도 마음에 큰 상흔이 남을 수 있다. 생김새뿐만 아니라, 표정, 자세, 입고 있는 옷부터 시작해서 사회적으로 갖추고 있는 모든 것이 평가의 대상이며, 소위 학벌, 직업, 사는 곳 등등에 온통 '급'이 매겨진다.

이런 사회적 분위기 속에서 평가에 대해 두려움을 가지는 것은 자연스럽다. 하지만 이에 대해 어떻게 대처할지에 대한 전략은 갖고 살아야 나에게 이롭다. 계속해서 방어만

하거나 평가에 신경 쓰면서 살아왔다면 한 번쯤은 멈춰 깊이 생각해봐야 한다. 특히 나이 들수록 외모에 대한 자신감을 상실하는 느낌이 든다면 말이다. 외모는 나이 듦과 직결되는 변수라 노화를 두려워하는 마음을 안고 평생을 살아간다면 늘 같은 문제가 당신의 발목을 잡을 것이다.

고등학생과 대학생에게는 수능 점수가 우열을 가리는 하나의 척도다. 사회생활을 하는 20대 중반부터 30대는, 외모가 우월성을 판가름한다. 많은 사람들이 중요하게 평가하는 가치관이므로 학생 시절의 수능 점수처럼 남들보다 우월하지 않으면 실제로 내가 어떤 것을 가졌더라도 별게 아니라고 착각하고 고통스러워한다.

그러나 높은 수능 점수나 아름다운 외모만을 우대하는 세상에서도 내가 내 삶을 어떻게 살 것인가는 내가 선택할 수 있다. 나 스스로 만족할 수 있는 가치관을 스스로 생각하고 선택해야 한다.

세상으로부터 주입된 가치관을 걷어내고 진짜 내가 원하는 삶은 어떤 모양인지 성찰해보는 시간이 많아질수록 내 삶은 내 것이 되어간다. 그땐 그 누가 내 외모 혹은 어떤 것에 대해 평가한다 해도, 단단한 내면으로 나를 지켜낼 수 있다. 그 누구도 나에게 비난을 던질 자격은 없다. 타당한 지적이 아니라면 받아쳐 낼 수 있는 내면의 힘을 기르는 것이 외모를 가꾸는 것보다 더욱 시급한 이유다.

6
걱정하는 것도 습관이다

스트레스는 하나의 상징일 뿐

'감정 기복이 너무 심해서 힘들어요'라고 말하는 사람의 이야기를 들어보면, 많은 경우 그렇게 괴로운 상태일 수밖에 없을 정도로 마음이 어지러워져 있는 경우가 많다. 그리고 그 복잡한 마음 이면에는 각자의 크고 작은 상처들이 어지럽게 얼룩져 있다.

스트레스로 견디기 힘들 때도 마찬가지다. 그 이면의 마음을 살펴보면 다양한 일, 감정, 그리고 생각들이 복잡하게 엉켜 있다. 그 마음들을 정리해 나가다 보면, 겉으로 보이는 스트레스 사건의 표면 너머에서 내 마음을 복잡하게 했던 실타래 뭉치가 풀리기 시작한다.

'내가 그래서 스트레스를 많이 받았구나!'

이 하나를 깨닫는 것만으로도 상당한 고통을 완화할 수 있다. 그토록 복잡했던 마음이 간명해지는 순간이다. 스트레스는 하나의 상징이지 괴로움의 원인이 아니다. 진짜 원인은 깊은 마음에 살고 있다.

마음이 복잡하다는 것은 스트레스 상황에서 결정을 내리지 못하는 상태가 지속된다는 의미도 있다. 인간은 스트레스 상황을 마주하였을 때, 생존을 위해 다음 세 가지 중 하나로 반응한다. 싸우거나(fight), 도망가거나(flight), 얼어붙거나(freeze).

복잡한 마음이라는 것은 세 번째 반응인, 얼어붙어서 아무것도 하지 못하는 상태에 있다는 의미로 볼 수 있다. 그렇다면 무엇 때문에 내가 얼어붙은 상태에 머무를 수밖에 없는지, 더 깊은 마음을 알아볼 때다.

얼어붙은 상태에 있는 사람들의 마음을 살펴보면, 가장 빈번하게 나타나는 감정은 두려움이다. 두려움이라는 감정이 뿌리 깊게 자리 잡고 있다면 의식적으로 잘 느끼지 못할 수 있다. 덮어놓았던 트라우마 사건이 그 두려움과 연결되어 있기도 하다.

트라우마와 연관되었다고 느껴지는 스트레스 사건이 촉발된 순간, 나도 모르게 행동이 얼어붙고, 하던 일에 집중이 안 되며, 이런 나를 답답해하면서 마음이 더욱 복잡해진다. '왜 싸우지도 못하고, 도망치지도 못하고, 이러고 있어! 예전 그때처럼…. 난 달라진 게 없네'라고 스스로에게 실망하며 우울의 늪으로 빠져들어 간다.

이럴 때는 복잡한 마음을 정리하는 작업을 가로막는, 대표적인 생각들부터 꼬리를 끊어야 한다. 예를 들어, "(싫은 생각을) 잊자고 마음만 먹으면 될 텐데. 그게 잘 안 돼요", "긍정적으로 마음을 먹어야 하는데 잘 안 돼요", "마음이 나약해서 이런가 봐요"라는 생각들이 있다.

많은 사람들이 이런 생각을 하면서 오히려 자신을 괴롭힌다. 복잡했던 마음은 파국으로 향하는 열차에 올라탄다. 나약한 마음을 탓하는 건, 안 그래도 힘든 나를 더 지치고 무력하게 만들 뿐이다. 마음을 다루는 일은 단순히 음식을 먹는 일처럼 간단한 것이 아니기 때문이다.

복잡한 마음을 풀어 감정 기복을 줄이고 싶다면, 엉킨 마음을 하나씩 풀어가면서 부정 정서의 원인을 이해해가야 한다. 그러면 조금씩 트라우마와도 마주할 내면의 힘이 생기면서 자연스럽게 긍정 정서가 자리잡힌다. 그렇게 내 마음은 조금씩 정리가 되어간다.

지금 눈앞에 놓인 상황만으로 나를 판단하고, 조급하게 문제를 해결하려 하지 말자. 생각보다 문제의 원인은 우리 마음속 깊은 곳에 숨겨져 있을 수 있다. 실타래를 쫓아 마음속 깊은 공간으로 내려갈 수록 우리의 내면에 숨겨져 있던 지도가 모습을 드러낸다.

마음의 지도를 그려보다

애인과의 관계에서 복잡한 마음을 품고 있는 지율 씨는 바람피운 연인과 헤어져야 된다고 생각하면서도, 이별을 망설이고 있었다.

"그 사람이 바람피운 장면을 잊을 수가 없어요. 용서하기도 싫고, 지금까지 해왔던 행동을 보면 나아질 것 같지도 않아요. 주변에서도 하나같이 이번에야말로 헤어지라고 하는데, 처음 만났을 때 잘해줬던 것을 잊지 못해서 헤어지지 못하는 제가 너무 답답해요. 만날 때는 일시적으로 좋지만, 또 바람피우는 것은 시간문제라고 생각하니까, 이게 지금 뭐 하는 짓인가 싶기도 해요."

이성적으로는 분명히 헤어져야 한다고 생각하지만 그렇

게 결정하지 못하는 심리적 원인을 탐색해 나가면서, 지율 씨는 다음과 같이 자신의 행동의 합리성을 논리적으로 검증해 나가기 시작했다.

친밀감의 욕구는 바람피울 것이 확실한 저 사람만 해결해 줄 수 있는 게 아니다. 다른 만남을 통해서도 얼마든지 충족이 가능하다. 다만 문제는 다른 사람과 관계를 맺을 수 있을지, 다른 사람과의 관계에서도 친밀감의 욕구를 충족시킬 수 있을지, 그렇게 되지 못할까 봐 두려워하는 마음이었다. 지율 씨의 마음이 복잡했던 이유는 헤어지지 못하는 마음의 원인이 '사랑받는 느낌을 잃어버리는 것에 대한 두려움'이라는 것을 발견하지 못했기 때문이었다.

즉, 지율 씨가 진짜로 원했던 것은 저 사람이 아니라 사랑받는 느낌이었던 것이다. '내가 그래서 스트레스를 많이 받았구나!' 그토록 복잡했던 마음이 간명해지는 순간을 경험하고 나서, 지율 씨는 마침내 헤어짐이라는 결정을 내릴 수 있게 되었다.

복잡한 마음이 들 땐 말이나 글로 꺼내 보자. 생각을 말로 꺼내 보면 말이 안 되는 부분도 보이고, 어디서 막혀있는지, 논리적 비약은 어디에 있는지 보인다. 그렇게 마음의 파편을 연결하며 마인드맵을 그려가다 보면 군더더기가 없이 간단하고 깔끔한 말과 글처럼 마음도 점점 간결해질 수 있다.

마음이 어떻게 구성되어 있는지 그 짜임새를 스스로 알 수 있으면, 마음의 내용 또한 간결하게 다듬을 수 있어지는 것이다. 군더더기는 버리고, 필요한 것만 남기는 정리 작업을 통해서 말이다.

7

내가 미워하는 나도 나의 일부다

습관이 되어버린 자기 혐오

대부분의 사람들은 콤플렉스 한 개쯤은 갖고 있다. 겉으로 드러내진 않아도 자기에게 싫은 부분, 그래서 감추고 싶은 부분과 함께 살아간다. 어떤 사람은 게으른 자기를 비난하고, 어떤 사람은 예민한 자기를 피곤해한다. 쓸데없이 복잡하거나 걱정 많은 자신을 지겨워하고, 겁 많고 조용한 자기를 부끄러워한다. 싫어할 만한 이유는 뭐든 갖다 붙일 수 있다. 누군가를 싫어하면 숨만 쉬어도 싫고, 밥 먹었냐는 말도 싫게 들릴 수 있는 것처럼. 대개 사람들은 누군가를 싫어하면 그 자체로도 스트레스를 받는데, 자기를 싫어하는 마음은 오래도록 움켜쥐고 십수 년을 살아간다.

자기를 싫어하는 삶을 유지하는 이유는, 비록 그것이 합리적인 것이 아닐지라도 이로 인해 얻는 이득이 있기 때문이다. 자기혐오 같은 생각의 습관도 이유가 있어서 나타나는 증상의 하나다. 나 자신을 힘들게 만들지라도 다른 대안이 없다고 생각하며 넘어진 그 자리에 머물러 있을 수 있다. 그러다 그 모습은 자연스레 내 몸의 일부처럼 나의 일부가 되어 살아간다. 적극적으로 미워하는 상태로 내 안의 염증처럼.

현수 씨는 언니가 자기를 비난했다며 속상해하면서도 그런 자신이 너무 싫다고 했다. "넌 너무 이기적이야"라며 쌍욕을 하는 언니에게 순간 너무 큰 상처를 받았을 뿐더러, 다시는 언니 얼굴이 꼴도 보기 싫었음에도 분노보다 슬픔의 감정이 차오른다는 것이었다.

누군가의 비난이 유독 비수로 꽂힌다면 나 또한 그 말을 부정할 수 없을 가능성이 크다. 현수 씨 또한 언니의 말이 사실이라는 걸 안다. 그렇지만 이기적이란 말을 듣는 건 너무 두려운 일이다.

이기적인 자신을 사람들이 좋아하지 않을 거라는 두려움이 바로 현수 씨가 꽁꽁 억누르고 있지만 매번 터져 나오는 염증, 즉 현수 씨의 콤플렉스였다. 인정하고 싶지 않지만 부정도 할 수 없는 자신의 조각을 맞닥뜨리는 것은 마음 아픈 일이다.

그러나 인정하지 않는다 한들 이기적인 내가 없어지지 않는다. '누군가에게 이기적인 나도 나라는 지점' 바로 거기서부터 시작해야 한다.

현수 씨의 언니에게 현수 씨가 이기적인 사람이었다면, 분명 현수 씨의 이기적인 면이 드러났을 상황이 존재했을 것이다. 그런데 현수 씨는 자신을 매도하는 언니에게 서운함을 느낀다.

'난 이기적인 사람이 아니야'라고 부정하고 있는 나의 마음을 들여다보기보다는, 언니를 싫어하는 마음을 키우는 데 에너지를 쓰고 있다.

이 경우, 해결될 것은 별로 없다. 어떤 사정 때문에 이기적인 나의 모습이 생길 수밖에 없었는지를 탐구해 볼 기회를 스스로 박탈하는 것이다. 왜 이기적인 내가 나타나는지 그 과정은 생략하고, '결과적으로 나는 이기적이니 쓰레기다'라고 생각을 종료시킨다. 이것이 자기혐오로 얻는 이득이다. 내면을 보지 않아도 된다는 것이다.

그렇다고 이제부터 '나 이기적이야!'라고 선포하자는 말을 하는 것이 아니다. 있는 그대로 내 안의 이기성을 이해해보자는 이야기다. 나보고 이기적이라고 비난하는 사람과는 필요하면 싸우되, 이기적인 내가 된 나를 보며 2차 비난은 하지 말자는 뜻이다. 내가 나를 두 번 죽일 필요는 없다.

나를 비난하는 사람보다 더 가혹한 건 그렇게 이미 상처받아 너덜너덜해진 나를 또 공격하는 나 자신이다. 그러니 현재 내 자신이 좀 이기적으로 느껴진다면 나는 왜 이렇게 이기적인 인간이 될 수밖에 없었는지 그 근원을 찾아가 보자. 내 마음을 이해하면 내가 원하는 방향으로 바꿀 수 있다. 더 성숙한 방향으로 다듬을 수가 있다. 그것이 뿌리부터 단단한 사람이 되는 첫걸음이다.

불편한 모습도 당신이다

보편적으로 사람들은 행동하거나 말할 때, 속마음에 있는 그대로를 표현하는 게 아니라 사회에서 바람직하다고 보는 가치에 맞춰 표현하는 경향이 있다. 심리학에서는 이를 사회적 바람직성 편향이라고 부른다. '쓸데없이 예민하다' 혹은 '이기적이면 나쁜 사람이다' 등의 메시지가 내면화되어 있는 것이다.

이런 메시지에 길들여져 있는 사람에게는 무의식적으로

'자기기만'이라는 심리적 과정이 일어난다. 누군가 그 사람에게 이기적이라고 이야기했을 때 내면에서 '그건 내가 아니야!', '나는 결코 이기적인 사람이 아니야!'라고 항의하게 되는 것이다.

현수 씨의 경우도 마찬가지였다. 그런데 누구나 살아가다 보면 나도 모르게 내 안의 이기적인 모습이 나타날 수 있다. '이기적이면 안 된다'라는 사회적 바람직성이 주입된 상태에서, 실제로는 이기적인 나의 모습이 나타날 때, 나는 스스로를 모순덩어리라고 치부하며 그런 나를 부정하고 싶어진다. 그러나 내 안의 모든 것은 부정한다고 없어지지 않는다. 모순이라고 느껴지는 모습도 원래 내 모습이다. 단지, 사회적 바람직성을 중요하게 생각하다 보니, 그러면 안 될 것 같은 내 모습은 부정하기로 마음먹고 싶은 것이다.

그러나 실제로 나타나는 내 모습과 사회적으로 바람직하다고 여겨지는 내 모습은 다르다. 지금 나의 모습은 어느 정도 사회에 순응하면서 적응해 온 산물이다. 실제로 원하는 것을 감추고, 집단에 비위를 맞추며 살아온 것이다. 그렇게 지금까지 몸담았던 사회가 부과한 모습을 탑재해오면서 지금의 나를 만들어왔다. 그런데 어느 순간 나를 돌아보니, 실제 자기를 잃어버린 것 같은 느낌이 든다. '내가 누구였지?

나는 누구인가?' 이런 생각이 드는 것이다. 그럴 수밖에 없다. 사회적 바람직성을 생각하면 실제 자기를 볼 여력이 줄어들 수밖에 없기 때문이다.

이렇게 사회에 순응하는 태도에는 대가가 따른다. 내 본래 모습에 저항하는 행동은 자기 부정(self-denial)이라는 결과를 낳는다. 이때 사회에 순응하는 태도로부터 얻는 대가보다 더 큰 심리적 불편감이 발생할 수 있다. 즉, 실제 내 모습을 부정하면서 마음이 불편해지는 것이다. 사회의 요구사항을 맞추는 데 애쓰며 여기까지 왔다면 실제 자기를 못 본 셈 치고 살아왔을 것이다. 그런데 이제는 좀 더 편안한 나를 만들고 싶지 않은가? 실제 자기와의 차이가 그리 크지 않으면서도, 내가 속한 사회에 적응 가능한 모양으로 나를 만들어보는 것이다.

현수 씨의 경우에도 자신이 유독 집에서 가족들에게 이기적인 모습을 보인다는 사실을 인정했다. 자신에게 이기적인 모습이 실제로 존재하고 있었다는 것이다. 문제는 자신의 이기적인 모습을 사회생활에서 만나는 사람들에게 숨겨온 것이었다. 자신의 이기성을 드러내면 소외당할 것이라는 두려움이 실제 자신을 감추도록 부추긴 것이다.

이제 현수 씨에게 필요한 건 이기적인 자신의 모습을 사회에서 수용될 수 있는 모양으로 적절하게 표현하며 살아가는 연습이다. 이기적인 모습을 드러냈을 때 비난받는다면 그것 또한 현수 씨가 경험해봐야 할 것이지, 피할 것이 아니다. 나의 이기적인 모습, 즉, 내가 싫어하는 나의 모습도 내가 인정하고 드러낼 때 비로소 나는 나 자신과 더 편안하게 관계 맺을 수 있다.

2장

타인에 걸려 넘어진 당신에게

1
혼자 잘해주고 상처받지 마라

인간관계가 쉬워 보이는 사람들

“관계를 잘하고 싶은데… 마음처럼 그게 잘 안 돼요….”

나이 들수록 더 인간관계가 어렵다는 사람들의 말이다. 세상에서 제일 힘든 게 인간관계라는 말도 자주 들린다. 관계를 중요시하는 성향인 경우, 관계를 지키려다 오히려 자기가 망가진다고 느끼는 사람들도 많다. 좋은 관계를 유지하려다 내가 손해 보는 것을 감수하는 패턴이 반복된다. 잘 지내던 사람과의 관계가 순식간에 무너지는 경우도 많다. 사람에게 너무 큰 상처를 입은 경우, ‘이제 더 이상 사람을 믿지 않아야 하나’라는 생각이 들 정도로 관계에 허망함을 느끼기도 한다.

관계는 본래 이토록 어려운 것인가? 아니면 우리가 어렵게 느끼는 이유가 있는 걸까? 관계를 어려워하는 사람이 있는 반면, 관계가 쉬운 것처럼 보이는 사람들도 존재한다. 사회적 유능성(social competence)을 타고난 게 아닐까 생각되는 사람이 주변에 한둘씩은 있다. 그들은 종종 부러움의 대상이 된다. 어떤 집단에서든 자신과 타인에게 유리한 말과 행동을 능수능란하게 한다. 사람들은 그 사람을 좋아하고, 그 사람도 사람들과 만족스러운 관계를 맺는 듯해 보인다. 과연 그들은 '보이는 것'처럼 관계를 잘 맺고 있는 걸까?

영우 씨는 사람 좋기로 소문이 자자하다. 한 마디로 평판이 좋다. 긍정적이고 유쾌한 이미지로 유명하다. 그런 영우 씨의 속마음은 겉으로 보이는 모습과는 사뭇 달랐다. 영우 씨는 관계에 회의감을 느끼고 있다고 말했다.

"노력으로 안 되는 일은 없다고 생각해요. 제가 잘 지내고 싶은 사람들과의 관계에서도 최선의 노력을 다하며 살았어요. 그런데 막상 제 곁을 둘러보면 그만큼 저를 위해주는 사람이 별로 없는 것 같아요. 허무하네요. 제가 잘하고 있는 게 맞을까요?"

나는 영우 씨에게 인간 관계에서 어떤 점이 힘든지 구체적으로 이야기해 달라고 요청했다.

“사실 지금도 주변 사람들이 저에 대해 얘기하는 걸 들어보면 나쁘지 않아요. ‘긍정적이다’, ‘밝다’, ‘재미있다’는 소리를 들을 만큼 늘 유쾌함을 유지하려 노력해요.

저랑 있을 때 사람들이 기분 좋은 걸 원해요. 그래서 최대한 에너지를 끌어올려서 분위기를 좋게 만드는데 애쓰는 것 같아요. 그런데 저도 사람이라 힘이 좀 없는 날이 있잖아요. 그럴 때가 힘들어요. 사람들이 기대하는 모습대로 하기가 힘들거든요.

사실 사람들은 제가 늘 유쾌하고 밝은 줄 알지만 혼자 있을 때의 저는 굉장히 어둡고 다운되어 있어요. 그 모습을 아는 사람은 아무도 없어요. 가족이나 연인에게조차 제 어두운 모습은 숨겨요. 그래서 제가 자주 잠수를 타나 봐요. 힘들 땐 아무도 만나기 싫고 숨어있어요.”

영우 씨는 그런 자신을 보며 허탈해했다. 어두운 모습은 사람들이 좋아하지 않을 거라 단정했다. 사람들이 좋게 반응했던 밝은 모습만 보일 수 있다고 믿어왔다. 그런데 이제는 ‘그런 노력이 무슨 의미가 있을까?’라는 회의감이 든다고 했다.

영우 씨의 얘기를 들으며 지난날, 관계로 스트레스받던

내 모습이 겹쳐졌다. 나 또한 영우 씨처럼 주변 사람들에게 밝은 모습만을 취사선택하여 보여주던 때가 있었다. 밝은 모습을 보였을 때 사람들이 나에게 한 번 더 말을 걸어주고, 나를 보며 웃어주던 눈빛이 참 좋았기 때문이다.

내가 웃을 때마다 나에게 보여주던 사람들의 관심이 좋았고, 그들이 친밀하게 느껴졌다. 그러면서, 점점 '밝음'을 연출한 나의 행동들이 강화되었다. 친밀감이란 보상이 주어지니 행동의 빈도가 늘어난 것이다. 그러다 보니 밝지 않은 나의 수많은 모습들은 세상에 나올 타이밍을 번번이 놓치게 되었다. 어느 순간 밖에서 보이는 밝은 나와, 뒤로 밀려난 나의 수많은 어둠은 분열되어 버렸다. 밝음과 어둠이 두 조각으로 쪼개진 것이다. 마치 어두운 모습은 남들에게 보이면 안 되는 것이라고 굳게 믿고 있는 영우 씨처럼 말이다.

인간관계에 필요한 두 가지 능력

관계에서 필요한 능력은 두 개의 차원으로 나누어 생각해 볼 수 있다. 첫 번째는 '관계를 시작하는 능력'이다. 처음 만난 타인에게 편하게 다가가 소통할 수 있는 능력이다. 낯선 사람과 있을 때도 주도적으로 행동할 수 있으며, 분위기를 편안하게 만들 수 있다. 이런 경우 관계 초기에 유리하다. 깊이 있는 속내를 드러내지 않고도 비교적 편안한 상황을 만들 수 있다.

두 번째는 '관계의 질을 향상시키는 능력'이다. 한 번 만난 사람과의 관계를 지속적인 소통을 통해 깊이를 더해갈 수 있는 능력이다. 긴밀한 커뮤니케이션이 가능하려면 서로의 적정 거리를 침해하지 않으면서도 서로가 편안하게 느끼는 친밀감을 표현할 줄 알아야 한다. 관계의 질을 향상시키는 능력을 갖춘 사람은 관계에서 타인이 진정으로 바라는 것에 대해 관심을 가지며, 타인의 입장에서 생각할 수 있기 때문에 신뢰감 있는 관계를 만들어가는 데 유리하다.

관계에서 회의감을 느끼는 영우 씨의 경우, 첫 번째 능력인 관계를 시작하는 능력이 탁월한 유형이다. 누구를 만나던 유쾌하고 활발한 자신으로 기능할 수 있다.

그러나 관계를 향상시키는 능력에 있어서는 한계를 느끼고 있었다. 이미 시작된 관계에서도 늘 처음 만나는 사람을 대하듯 행동했다. 시작된 관계에 깊이가 더해지기 위해서는 자신의 속마음, 때로는 어두운 모습까지도 상황에 맞게 꺼내놓을 수 있는 용기가 필요하다. 영우 씨의 경우 관계의 깊이와는 상관없이 늘 밝은 모습만 보여야 한다고 믿었기 때문에, 사람을 대하는 방식에 있어서 유연성이 심각하게 결여되어 있었다. 그가 가진 특유의 밝음이 필요한 순간이 있겠으나, 늘 밝음 모드만 작동할 책임이 영우 씨에게 있는 것도 아니며, 누군가 그러한 책임을 영우 씨에게 부과한 것도 아니다.

겉으로 보기에 인간관계를 잘하는 것처럼 보이는 사람이 반드시 관계의 질을 향상시키는 능력을 갖추고 있는 것도 아니다. 깊이 있는 관계는 전혀 형성하지 못한 채, 그저 겉으로만 유쾌하고 밝아 보일 수 있다. 이처럼 관계를 잘 맺는 것처럼 보이는 사람들에게도 관계는 어려운 일이다.

인간관계는 왜 늘 어려울까

관계가 어렵게 느껴지는 한 가지 이유는 내가 관계에 들인 노력만큼 보상을 받지 못한다고 생각하기 때문이다. 관계에서 바라는 것이 없다면 힘들 만큼 참으면서 노력하지는 않을 것이다. 내가 바라는 관계의 모양이 있을 것이고, 그 모양이 충족시켜주는 나의 욕구가 존재하기 때문에 애쓰는 것이다.

그런데 안타깝게도 어떤 관계든 내가 인위적으로 만들 수 없다는 게 함정이다. 상대방의 동의 없이는 불가능한 일이기 때문이다. 관계의 질을 향상시키길 원한다면 바로 이

지점을 이해하는 것이 핵심이다. 타인을 내가 원하는 대로 바꾸고 싶은 마음이 발동한다면, 지금 즉시 그 충동을 멈추어야 한다. 그것은 조종이고 폭력이 될 수 있다. 내가 나 자신을 바꾸는 것은 나의 자유다. 그러나 타인을 바꾸는 건 나의 영역이 아니다. 결국 타인을 내가 원하는 대로 바꾸지도 못하며 관계의 질도 나빠진다.

타인을 바꾸지 않고 관계를 좋게 만들기 위해서 애쓰는 건, 서로의 니즈(needs)가 반영된 노력이다. 즉, 내가 관계에서 바라는 니즈와 상대방이 나와의 관계에서 바라는 니즈를 바탕으로 서로가 합의한 행동이 쓸모 있는 노력이다.

상대방은 나에게 어두운 모습도 보이는 솔직함을 원하는데, 나는 상대방의 니즈를 내 맘대로 가정해 밝은 모습만 선택적으로 보여준다면 그것은 관계를 위해 노력하는 것이 아니다. 그러면서, 나만 노력하고 있다고 착각하면서 관계에 들인 노력만큼 보상받지 못한다고 억울해하면, 관계는 더 나빠지기 마련이다.

또한 관계를 시작하는 단계라면 무조건 밝음이 정답일 수도 없다. 예를 들어, 낯선 사람에 대해 거리를 두는 게 편한 사람이라면 내가 과도하게 가까이 다가가는 건 부담스러울 수 있다. 나의 밝음이 오히려 거부감을 일으킬 수도 있다.

인간관계는 상호작용이기 때문에 언제 어디서든 관계의 질을 향상시키는 만능공식이 존재할 리 없다. 내가 내 입장에서 상대방의 니즈를 가정한다면, 이것에 기반을 둔 노력은 쓸모없는 노력이 될 것이 뻔하다.

2

모두에게 사랑받을 필요는 없다

좋은 사람이라는 함정

'좋은 사람'에 대한 로망을 가진 사람들이 많다. 좋은 사람이 되면 사람들이 자신을 좋아해 줄 것이라 믿기도 한다. 그래서 좋은 사람이 되기 위해 애를 쓰다 어느새 좋은 사람인 척 연기하는 자신에게 익숙해지기도 한다. 더 친해지고 싶은 사람에게 친절하고 상냥해진다. 주목받고 싶은 집단 속에서는 더욱 집단원들의 관심을 받고 싶어 애써 밝게 행동하기도 한다. 사람들은 잘 웃고 잘 얘기하는 사람을 좋아한다고 믿어서이다.

그런데 그렇게 좋은 사람이 되려고 노력해 왔지만 정작 내 곁에 있는 사람들을 떠올려보면 그 사람들이 나를 좋아해 주는지, 나를 호감으로 보고 있는지조차 확신하기 쉽지 않을 때가 많다. 그런 마음에 이르면 '난 도대체 지금까지 뭘 한 거지?' 싶은 공허함을 느끼기도 한다. 그 이면에 깊은 마음에는 무의식적인 두려움도 내재돼 있다.

'내가 좋은 사람이 아니라는 걸 들키면 어떡하지?'

'사람들이 나를 싫어하면 어떡하지?'

그런데 이런 공허함과 두려움을 동시에 느끼고 있는 사람의 주변 사람들도 마음이 편하진 않다. 그 사람을 있는 그대로 좋아하기도 어렵다. 그 사람이 좋은 사람이 되려고 부단히 애쓰는 중임이 어떤 식으로든 눈에 보이기 때문이다. 나의 애씀이 주변 사람들의 불편감과 부담감을 일으킨다면, 그것은 과연 누구를 위해 애쓰고 있는 것일까?

수희 씨는 며칠째 신경 쓰이는 사람 한 명 때문에 잠을 못 자고 있다고 했다. 나는 어떤 일이 있었는지 궁금해서 물었다. 그런데 수희 씨는 잘 모르겠다고 답했다.

"일로 만난 사이긴 한데 좀 많이 친해진 친구(이하 S)가 있어요. 몇 년간 회사에서 힘든 일 있으면 서로 털어놓고 뒷담화도 하고 정말 가리는 거 없이 얘기하는 사이였거든요. 그런데 최근에 갑자기 S가 저를 보는 눈빛이 좀 싸해요. 제가 무슨 말실수라도 했나 봐요. 원래 제가 그런 걸 잘 캐치하는 편인데 S는 확실히 저한테만 기분이 안 좋아진 것 같아요. 다른 사람들이랑 얘기할 땐 예전이랑 별반 다르지 않거든요."

합리적으로 분석해 보면, 예전 비슷한 일에서 S가 수희 씨의 말을 불편하게 여겼을 것이라는 점은 확인된 사실이 아니라 추측이다. 아직 확인된 점은 아무것도 없지만 추측이 확신이 되어버린 상황이다.

S를 그렇게까지 신경 쓰는 이유를 물었더니, 수희 씨는 이렇게 답했다.

"사실 S가 소중하다기보다는, 저는 그저 사람들이랑 웃고 소통하고 원활한 관계라고 느낄 때 가장 행복한 사람인가 봐요. 제가 속한 집단에서 누구 한 명이라도 거리감이 느껴지면 너무 스트레스받아요. 그냥 다 잘 지내고 싶어요."

S와의 갈등 자체보다는, 자신이 속한 집단에 자신과 갈등 있는 관계가 존재한다는 사실이 수희 씨를 괴롭게 하는 원인이었다.

수희 씨는 모두가 자신을 사랑했으면 좋겠다고 생각했다. 모두에게 사랑받는 일은 불가능한 일이라고는 하지만, 자기는 그렇게 생각하지 않는다고 자신했다. 지금껏 누구와도 잘 지내 왔다는 것이었다. 그래서 이번 일을 더욱 용납하기 어려워 했다.

수희 씨에게는 어떤 한 사람과의 깊이 있는 관계보다는, 자신이 속한 집단 내의 분위기가 더 중요했다. 집단에 불편한 사람이 단 한 명이라도 존재한다면 그것은 자신이 원치 않는 분위기가 만들어지는 것이라서 어떻게든 관계를 회복하기 위해 잠을 설칠 만큼 신경을 쓰며 살고 있었다.

그녀는 어떻게든 다시 웃는 분위기를 만드는 데 집중했다. 관계란 늘 웃음이 가득해야만 한다고 생각하며 살아왔기 때문에 누군가가 자신을 싫어하는 눈빛을 느끼는 날엔 아무것도 손에 잡히지 않을 만큼 예민해졌다.

사랑받으려 할수록 예민해진다

수희 씨는 사람들과의 관계에서 행복감을 찾는 경향이 강하다. 사람과의 친밀감을 추구하는 사람인 것이다. 그런 사회적 민감성이 일터에서는 같이 일하는 사람들의 상태(언어뿐만 아니라 눈빛, 표정, 제스처 등의 비언어적 신호까지)를 민감하게 살피는 행동으로 나타난다.

이러한 성향을 대인 민감성이라고도 부른다. 문제는 대인 민감성이 지나치게 자기중심적으로 오해석될 경우에 벌어진다. 나와는 관계없는 자극을 마치 나와 관계있는 것처럼 확신하는 현상, 즉 심리학에서 말하는 관계사고(ideas of reference) 혹은 지나칠 경우, 관계망상(delusions of reference)으로 이어질 수 있어 주의가 필요하다.

- 발단 : 누군가의 표정이 어두워진 걸 파악한다.
- 합리적 접근 : 무슨 일이 있는 건지 추측하지 않고 상대방에게 물어본다.
- 오해석 : 저 사람 표정이 저렇게 어두워진 걸 보니 분명 내가 무슨 실수를 한 거야. 그래서 저 사람이 날 싫어하게 된 게 분명해. 나 때문에 기분이 나빠진 거야. 큰일이다!

오해석에 빠지는 경우는 주로 상대방이나 상황에 대한 자신의 영향력을 과대평가함으로써 발생한다. 즉, 상황의 원인을 잘못 찾는 귀인 오류가 일어나는 것이다.

나 때문이 아닌 일에 내가 원인일 것이라고, 특히 불편한 상황의 원인까지 자기중심적으로 해석한다. 심리학자 알버트 앨리스(Albert Ellis)는 사람의 감정이나 행동을 결정하는 요인은 그 사람이 처한 상황이나 사건 그 자체가 아니라, 그 사람이 그것을 해석하는 방식이라고 제안했다.

- 나는 다른 사람들의 생각/감정/기분/바람을 정확하게 파악하는 사람이야!
→ 그러므로 지금 저 사람의 기분 나쁜 표정이 나 때문이라는 건 확실해!

이렇게 자기중심성에서 나온 해석은 일상에서 습관적으로 나타난다. 그것이 바로 나를 괴롭히는 원인인 줄도 모르고 말이다. 타인의 감정, 집단의 분위기를 모두 자신이 책임지려는 행동은 사회불안과 같은 증상으로 연결될 수 있으며, 이러한 증상이 습관과 같은 자연스러운 반응이 될 경우 나의 성격으로 굳어진다.

사람들과 만날 때마다 '사람들이 나를 싫어하면 어떡하지?'와 같은 불안을 갖고 있으며, 이 불안을 어떻게든 없애기 위해 사람들을 살핀다. 그리고 사람들이 나를 어떻게 바라보는지 독심술로 답을 내려 버린다.

사람들은 나에게 관심이 없다

현실은 어떨까? 사람들은 내가 생각하는 만큼 나에게 지대한 관심이 없을 가능성이 높다. 사실 사람들은 나를 싫어하고 말고 할 정도로 나에게 관심이 없다는 객관적인 상황에도 불구하고, 사람들이 나에게 굉장한 관심을 가지고 있을 것이라는 착각에 빠져 불안을 재생산한다.

앞서 소개한 수희 씨의 친구 S는 왜 기분이 안 좋아진 것일까? 정말 수희 씨의 말대로 수희 씨의 말실수 때문일까? 정답은 S만이 알고 있다.

수희 씨가 취할 수 있는 합리적인 접근은 바로 S에게 '자신이 실수한 것이 맞는지' 물어보는 것이다. 맞다면 사과하고 아니라면 착각했다는 사실을 인정하면 되는 것이다. 구태여 며칠 밤을 새면서 '내가 문제야'라며 자책할 필요가 없다.

'사람들이 나를 싫어하면 어떡하지'하며 걱정하는 것은 타인에 대한 관심이 높은 것처럼 보일 수 있지만, 사실은 나 자신에 대한 관심이 큰 것이다. 겉보기엔 모든 관계를 중시하는 것처럼 보이지만, 사실 상대방 한 사람 한 사람에게는 전혀 관심이 없을 수도 있다.

대인 민감성이 높다고 해서 반드시 상대방을 위하는 마음이 있는 것은 아니라는 말이다. 사람들에게 비칠 내 자신의 모습에만 관심을 갖는 것은, 사실 상대방에게 전혀 관심이 없고 오로지 자기 자신에게만 지대한 관심을 갖는 것이다. 그러나 자기에게만 관심이 있는 것이 자신을 챙긴다는 의미는 아니다.

남보다 나를 챙기는 연습이 필요할 때

송민 씨는 어디에서나 늘 필요한 존재가 되어야 사랑받을 수 있다고 생각했다. 누군가에게 필요하지 않으면 내가 의미가 없어진다 생각하며 밤샘을 밥 먹듯이 하면서까지 팀원들을 챙겼다고 했다. 그런데 요즘은 사람들이 송민 씨에게 말한다.

"송민 씨, 자신을 먼저 챙겨요."

송민 씨는 돌이켜보니 자기 자신을 챙기지 않았다는 것을 알게 되면서 자신에게 너무 미안하다고 고백했다.

"사실은 사람들한테 욕먹기가 싫었던 거였어요. 내가 나부터 챙기고 그 사람을 안 챙기는 건 이기적이고 나쁜 거라고 생각했어요. '회사는 일을 하기 위해 모인 곳인데 내가 너무 좋은 사람이고 싶었나?' 생각이 들기 시작했어요.

지금은 저부터 챙겨요. 저번 직장에서는 빵 하나라도 내 거 사는 김에 얘 것도 사야지 했는데 이번 직장에서는 내 거 사고, 자기 것은 안 사 왔다고 서운해하면 '다음에 사줄게' 말로 때우고 넘어갈 수 있게 됐어요. 그렇게 나부터 챙기는 연습을 시작했어요. 지금껏 남을 위해 살았어요. 나를 챙긴다고 했지만 사실은 좋은 사람이고 싶었어요. 저는 괴로웠어요. 집에 가면 녹초가 되는 건 끊어낼래요."

각자의 마음은 각자의 것

송민 씨의 말을 들으며 동생이 한 번씩 나에게 했던 말이 생각났다.

"언니는 주변에 사람이 늘 많은 것 같아."

"언니는 사람을 많이 만나잖아."

"언니는 관계를 잘하잖아."

그런 말을 들을 때마다 "응?"하며 당황했던 기억이 난다. 나 스스로는 내가 관계를 잘하는 사람이라는 생각을 한 적이 없기 때문이다. 오히려 그 반대의 삶을 살아왔다. 관계란 나에게 늘 어려운 것이었고, 잘하고 싶은데 잘하지 못하는 것 중에 하나였다.

사회에 나와서는 모든 사람이 나를 좋아했으면 좋겠다는 바람에 나를 던졌다. 앞서 소개한 수희 씨의 사연처럼 나 또한 자기중심성에서 헤어나지 못했던 것이다. 지구가 나를 중심으로 돌고, 세상의 중심이 나라고 착각하는 나. 지금도 간혹 멘탈이 흔들릴 때 나를 중심으로 오해석할 때가 있다. 오랜 습관이 그렇게도 뿌리가 깊다.

모두에게 사랑받고 싶은 마음은 역사가 깊다. 아주 어린 시절부터 사랑받지 못한 경험이 상처가 되어 마음 깊숙한 곳에 자기만의 방을 만들어놓았다. 아무도 열어보지 않는 어두컴컴한 방 안에 상처받은 내가 살고 있다. 그리고 그 어린 시절에 상처받았던 아이처럼 여전히 또 상처받을까 봐 두려움에 떨고 있다.

성인이 된 우리가 할 수 있는 것은 상처받지 않기 위해 나타나는, 비합리적인 생각이나 행동을 바로잡는 것이다. 머리로 아는 것이 삶이 될 수 있도록 나를 바로 세우는 힘을 기르는 것만이 우리가 할 수 있는 일이다.

타인의 마음은 타인의 것이며, 그들은 그렇게까지 나에게 관심이 없다. 설령 누군가가 나에게 상처를 준다면, 혹은 누군가가 나를 싫어한다면, 그 사람과 솔직하게 대화해서 수고로움을 각오하고 갈등관리를 할 것인지 혹은 갈등을 그대로 둘 것인지 선택할 수가 있다.

그 사람이 내가 싫다면 어쩔 수 없는 일이다. 그것은 그 사람의 마음이기 때문이다. 그 영역까지 내가 통제할 수 없다. 나는 내 마음에만 통제 권한이 있음을 명심하자. 좋아하는 꽃향기도 사람마다 다 다르듯 모두에게 사랑받는 건 불가능한 일이며, 모두의 마음 또한 내가 통제할 권한은 그 어디에도 없다.

3

우리 모두는 누군가에게 이방인이다

그 사람은 나에게만 나쁘다

직장 동료 한 명 때문에 너무 스트레스받는다는 재호 씨는 G에 대한 이야기를 시작했다.

“매일 봐야 하는 사람(동료 G) 때문에 너무 스트레스예요. 또라이 질량보존의 법칙이 있다 하는데 저희 팀엔 그 사람이 또라이인 것 같아요. 아무리 생각해도 너무 이기적이에요. 제가 아무리 말을 해도 안 바뀌어요. ‘네가 나가든 내가 나가든 싸우자!’ 모드로 돌입해야 하나 싶을 정도로 심각하게 스트레스받아요.”

재호 씨에 따르면 그 회사의 또라이는 G다. G는 팀을 이뤄 같이 해야 하는 일에는 비협조적이고, 자기 것만 챙긴다. 대표 앞에서만큼은 열심히 하는 척하는 G이기 때문에 이런 상황을 대표만 모르는 것 같아 더욱 답답하다. 이 또라이를 이 회사에서 없애는 게 우리 모두를 위한 일인 것만 같다.

그런데 과연 그럴까? G만 또라이일까? 재호 씨의 입장에서 생각하면 이 회사에서 재호 씨에게 스트레스는 G가 유일한 것이 맞다. 재호 씨의 세상에서는 그렇다는 이야기다.

그렇지만 G가 누군가에게는 또라이가 아닐 수 있다는 점도 검토가 필요하다. 실제로 다른 사람들에게 물어보면 G를 좋아하는 회사 사람들도 꽤 있다고 한다. 그것에 대해서도 재호 씨는 절대 이해를 하지 못한다고 하지만.

재호 씨와 얘기를 하다 보니 G를 왜 그렇게 싫어하는지 조금씩 실마리가 풀렸다. 그 사람이 그토록 싫은 이유는 따로 있었던 것이다.

알고 보니 G는 재호 씨가 보기 싫어서 덮어두었던 감정들을 건드렸다. 예를 들면, G는 기분이 다운될 때마다 한숨을 쉬었는데, 이 소리는 재호 씨가 출근할 땐 애써 눌러놓고 온 우울한 기분을 건드렸고, G가 자주 보이는 품격 없는 행동, 예를 들어 묻지도 않은 사생활을 바쁜 사람 붙잡고 물어본다거나, 자기가 먹던 과자를 쓰레기통에 버리듯 나에게 선심 쓰며 주는 행동과 같이 이해 안 되는 행동들을 볼 때마다 '내가 별로인 회사를 다니고 있다'는 재호 씨의 콤플렉스를 건드렸던 것이다. 재호 씨의 속마음을 정리해 보면 다음과 같다.

- 나는 괜찮은 회사에 다니고 싶다.
- 괜찮은 회사에 다니는 구성원들은 품격 있어 보인다.
- G는 같은 회사의 동료라 말하기 창피할 정도로 품격이 없다.
- 앞으로도 G가 우리 회사의 품격을 떨어뜨릴까 봐 걱정된다.

재호 씨는 사실 G랑 같은 급의 회사를 다니고 있다는 사실이 싫다고 토로했다. 자신이 G랑 같은 부류의 사람인 것만 같아서 그 사실을 부정하고 싶어 했다.

"저는 G가 하는 행동들을 도저히 이해를 못 하겠어요. 규모 있는 회사에서는 저런 행동들은 말도 안 되거든요. 아마 G는 여기가 첫 회사라서 모르는 거겠지만요. 어쨌든 지금 제가 이 회사에 다니고 있으니 남들 눈에는 G랑 별반 다를 게 없는 거잖아요?"

누군가를 또라이로 몰만큼 싫다면, 그 이면에 자리 잡고 있는, 그 사람이 너무 싫은 진짜 이유를 찾아보자. 내 마음속 싫음을 들여다보는 것이, 단순히 어떤 사람을 싫어하고 그 사람을 또라이라고 낙인찍는 것보다 더욱 중요하다.

내 인생의 적을 처단하는 방법

누군가를 싫어하는 마음이 내 삶에 불편감을 초래할 정도로 스트레스를 유발한다면, 소개하고 싶은 연구 결과가 있다. 바로 "자기를 수용하면 스트레스가 줄어드는 것처럼, 타인을 수용하면 나의 스트레스가 줄어든다"는 메시지다. 타인을 수용하는 것이 타인을 위하는 일만은 아니다. 나의 스트레스 관리에도 이롭다.

결점 없는 사람은 없다. 의도를 떠나서 우리도 그 누군가에게 피해를 주고 상처를 주며 여기까지 살아왔을 것이다. 내가 그 사실을 인지하고 있을 수도 있고, 전혀 눈치를 못 챌 수도 있지만 어쨌든 분명한 건 내가 누군가로부터 상처를 받고 스트레스를 받았듯, 그 누군가도 나로 인해 상처와 스트레스, 어쩌면 극한의 분노까지 경험했을 거라는 사실이다.

우리는 타인을, 특히 내가 또라이라고 여기는 사람을 바꿀 수 없어서 괴로워한다. 그런데 어딜 가나 늘 또라이는 존재하고, 그 또라이에게 영향을 미치고 싶어 할수록 스트레스만 쌓여간다. 그 또라이는 내 뜻과 의사대로 바뀔 책임이 어디에도 없기 때문이다.

그러니 내가 그 또라이를 바꿀 수 있을 거라는 기대는 부질 없다. 어차피 몇 년 후엔 없어질 마음이다. 에너지를 내가 쓰고 싶은 데 써도 부족하지 않은가. 그런 나의 소중한 체력을 내가 또라이라고 판단 내린 그 사람에게 쓰는 것은 의미 없다.

게다가 나 또한 그 누군가에게 어처구니없는 사람일 수 있다. 설령 그것이 나의 의도는 아니었을지라도, 의도치 않게 누군가에게 또라이 짓을 했을 수 있다. 우리는 모두 완벽하지 않은 인간이니까.

그 사람이 이 조직의 또라이 질량보존 법칙을 성립하는 존재라는 확신은 나의 성장에 해가 된다. '왜 그 사람은 안 바뀔까?' 생각해봤자 내가 어찌할 수 있는 일이 아니다. 그냥 그 사람은 그렇게 생긴 것이며, 그 사람과 나는 그냥 불편한 궁합인 것이다.

사람은 본인이 변화하고 싶을 때 변화한다. 주변에서 끈질기게 잔소리를 하건 말건, 사람은 자기가 변하고 싶을 때 변한다. 바꿔 말하면, 자기가 변하고 싶지 않을 때는 주변에서 뭐라 하건 말건 변하지 않는다는 것이다.

그렇다면 내가 또라이라 부르는 그 사람과 매일 얼굴을 봐야 하는 상황에서 내가 할 수 있는 최선은 혼자 스트레스받는 것이 아니라, 그 사람이 바뀌길 간절히 바라는 것이 아니라, 누가 그 사람을 바꿔주길 소원하는 것이 아니라, 내가 그 사람과 직접 얘기해서 나의 불편함을 최소화할 전략을 짜는 것이다.

그리고 그 외의 부분은 내가 어찌할 수 없는 영역임을 수용하는 것이 깔끔하다. 그조차도 내가 받아들이지 않으면 방법이 없다. 안타깝지만 사실이다. 그렇게 버티다 보면 운 좋게도 그 사람이 퇴사하는 날이 올지도 모른다. 그렇지만 그것 또한 그 누구도 알 수 없는 미래의 것이다. 그 불확실성을 점치려는 것도 내가 어찌할 수 없는 것을 통제하려는 욕구다. 내려놓자. 어차피 안 될 일이다. 그 시간에 나를 위한 좋은 것을 하나라도 더 주자. 그것이 더 나에게 이롭다.

우리는 서로를 이해하지 못한다

지난밤 꿈에 옛 회사의 상사가 몇 년 만에 등장했다. 지금은 밤인데도 어젯밤 꿈을 떠올리니 꿈속의 나와 상사 얼굴, 그 안의 분위기가 떠오른다. 그만큼 생생했다. 그 상사 때문에 맘고생 몸 고생을 하긴 했어도 꿈에 나온 건 처음이라 기념할 만하다. 내용은 더욱 기묘했다.

꿈에서 나는 자발적으로 퇴사를 결정했다. 그리고는 내가 왜 퇴사하고 싶은지를 상사에게 당당하게 얘기했다. 꿈에서 놀라웠던 장면은 내 말을 듣는 상사의 표정이었다. 상사는 나를 다 이해한다는 듯, 인자한 표정으로 나의 얘기를 끝까지 들어주었다. 그리고는 내가 그렇게 힘들 수밖에 없었다며 사과했다. 아름다운 퇴사 면담이었다.

현실에서는 타인에 의해 갑작스럽게 퇴사했다. 상사는 나의 얘기를 들어주기보다는 일방적으로 퇴사의 필요성을 애매하게 돌려 말했으며, 갑자기 퇴사를 권유하는 데에 대한 미안함은 느껴지지 않았다. 나는 배신감을 느꼈다. 평소에 보여주었던 인자한 눈빛은 온데간데없고, 매정한 눈빛만 느껴졌다. 대표의 뜻이라 했다. 나는 뒤도 돌아보지 않고 퇴사했다.

다시 현실로 와서 생각해 보면, 그때의 나는 그 상사가 또라이라고 생각했다. 그런데 꿈을 꾸고 나서 생각을 해보니, 그 사람에게는 내가 또라이였을 수도 있겠다고 느껴졌다. 사회초년생이었던 그때는 나의 억울함과 부당함만 보느라 회사 상황, 나의 역할, 나의 책임에 대해 내 입장에서만 해석했다. 그 힘든 상황을 상사가 케어해 주지 않았다고 원망하고 분노했다. 그야말로 징징대는 능력 부족한 사원이었을 나의 모습이 그려진다.

2021년 시점에서 생각해 보면 그때의 상사도, 신입인 나도 모두 미숙했다. 그래서 서로가 서로에게 도움이 되는 인적 자원(혹은 상사-부하 관계)이 되어 주지 못했다.

그 결과 우리가 공동으로 달성하기로 했던 미션도 실패했다. 그러나 그것은 우리의 공동 책임이다. 상사가 100% 잘못한 것도, 내가 100% 잘못한 것도 아니다. 우리가 함께 일을 잘해내지 못한 거다.

그렇게 성과가 부진한 상황에서 대표는 나를 내보내기로 선택했다. 기대를 가득 갖고 채용한 본부장을 내보내는 것보다는 1년 차 사원을 내보내는 게 회사로서도 손실이 적었을 것이다. 단지, 우리가 함께 일을 잘 해내지 못한 것에 대해 속 시원하게 털어놓고 얘기할 수 없었던 그때의 우리는 서로를 또라이로 여기며 서로에게 칼을 들이댔다. 아픈 상처를 남기는 말과 눈빛을 주고받으며 그렇게 관계를 종결했다.

그 관계에 대한 아쉬움이 꿈으로 나타난 것 같다고 해석해본다. 사실 상사를 좋아하는 마음으로 믿고 따랐던 시간이, 싫어했던 시간보다 훨씬 더 길었다. 나는 우리 팀의 프로젝트도 성공시키고 싶었다. 그래서 그렇게 밤을 새고 일했는데. 그 마음조차 공감받지 못하고 퇴사했던 것이 내심 한이 되었나 보다. 꿈에서라도 화해해서 좋았다. 결국 현실에서도 꿈에서도 다 내 마음 혼자 북 치고 장구 치고 있지만.

나는 누구의 또라이였을까?
아니. 지금 난 누구의 또라이일까.

또라이는 사실 기준과 관점의 차이다. 나에게 또라이였던 그 사람은 누군가에게는 좋은 상사였다. 나 또한 누군가에게는 좋은 사람이었지만 그 상사에게는 퇴사시켜야 할 또라이였던 것처럼. 그러니 이제는 또라이 질량보존의 법칙에서 벗어나자.

4
평생 가는 관계는 없다

지금 내 곁에 남은 사람

좋은 관계가 늘 그대로면 얼마나 좋을까? 누군가와 같이 지내며 참 좋다, 편하다는 감정을 느낀다면 축복받은 것이다. 그렇게 맘 맞는 누군가가 나의 친구라면, 나의 동료라면, 나의 연인이라면 더할 나위 없을 것이다.

그런데 현실에서 늘 좋기만 한 관계를 찾기란 참으로 어렵다. 우리는 늘 관계가 어렵다고 느낀다. 사람에게 민감한 사람일수록 관계로 인한 스트레스도 많이 받으며 살아간다. 더 이상 상처받기 싫어 사람과 거리를 두는 방법을 택하는 사람들도 많아지고 있다.

어릴 적부터 수줍음이 많던 나는 외로움을 많이 느끼는

사람이었다. 슬프게도 그런 나에게 먼저 다가오는 사람은 별로 없었다. 나도 누구에게 먼저 다가가지 않고 혼자 웅크리고 살기를 택했다. 사람을 원하면서도 제대로 된 관계를 맺기가 어려웠다. 그렇게 관계의 결핍이 쌓인 채로 성인이 된 나는 외로움을 극복하기 위해 좋은 사람이 되기로 결심하게 된다.

대학원에 입학해서는 본격적으로 좋은 사람이 되기 위해 노력하기로 마음먹었다. 나를 포함하여 총 8명으로 구성된 무리에서 모두와 잘 지내고 싶었다.

나는 동기들끼리 갈등이 있을 때마다 중간에서 이쪽 편도 못 들고 저쪽 편도 못 들면서, 중재하는 것도 아닌 애매한 사람으로 지냈다. 그러다 급속도로 나에게 호감을 보인 한 명의 동기와 마치 사랑에 빠진 연인처럼 거의 하루 종일 함께 시간을 보냈다.

그 관계는 얼마 가지 않아 깨졌고, 지난 십 년간 우연히 마주친 적도 연결된 적도 없다. 나의 대학원 생활은 모두와 잘 지내고 싶어 애쓰다 결국 애매하게 끝났다. 그때 받은 관계의 상처가 꽤 깊었다.

첫 취업한 회사에서는 대학원의 실패를 만회하기 위해 작정하고 좋은 사람이 되기로 결심했다. 이땐 대학원 때보다 한술 더 떠서 일도 관계도 다 잘하는 사람이 되고 싶었다. 회사 동기들과도 매일 밤 야근을 함께하고 힘든 시간을 동지처럼 지내며 끈끈함에 기댔다. 선배들에게도 찰싹 붙어 의지하며 내 부족함을 메우려 노력했다. 대학원 때보다도 더 적극적이고 주도적으로 좋은 사람이 되기 위해 노력했다.

그땐 갖은 노력에도 불구하고 외로움이 극복되지 않았다. 애초에 좋은 사람이 되고자 했던 마음 자체가 헛된 욕심이었다. 모든 사람에게 좋은 사람은 될 수 없을 텐데, 난 어리석게도 내가 좋은 사람이 되려고 노력하면 사람들이 날 좋아할 것이라 믿었다.

그토록 노력했음에도 지금 내 곁에 남아 있는 대학원 동기는 일부일 뿐이다. 회사에서 끈끈하게 관계를 다졌던 동지들도 극히 일부만 내 삶에 남아 있다. 그래도 괜찮다. 우리의 관계가 어떻게 될 진 아무도 모른다. 앞으로 더 친밀해질지, 아니면 어쩌다 관계가 종료될지. 그렇지만 한 가지 확실한 건, 나와 내 곁에 있는 사람의 의지에 따라 우리의 관계가 지속될지 끊길지 더 돈독해질지 결정된다는 것이다.

그런 우리에게 중요한 건 지금 내 곁에 있는 사람과 좋은 관계를 맺기 위해 최선을 다하는 것이다. 무조건 평생 내 곁에 남아주라고 기대하지도 말고, 나의 외로움을 몽땅 가져가 달라고 소망하지도 말고, 인간 대 인간으로 관계하는 지금 이 순간 자체에 몰입해 보는 것이다. 그렇다면 적어도 이도 저도 아닌 애매한 관계로 애를 쓸 필요도 없으며, 지나치게 잘 지내기 위해 불필요한 에너지를 쏟아부을 필요도 없어진다.

좋았다고 생각했던 관계가 멀어질 때

소현 씨도 나와 비슷한 사람이었다. 소현 씨는 단짝처럼 지내던 친구랑 멀어져서 외로움을 느낀다고 했다. 그 친구의 힘든 고민을 몇 시간이고 들어 줄 만큼 좋아하기도 했고, 그 친구가 자기에게 의지하는 게 뿌듯했다. 힘들 때면 언제나 소현 씨를 찾을 만큼 의지한다는 것은 친밀한 사이인 것 같아 안심도 되었다. 나는 소현 씨와 그 친구가 서로 힘든 걸 나눌 수 있을 정도로 친밀한 관계였는지 물었다. 그러자 소현 씨는 말했다.

"사실 제가 힘든 걸 그 친구에게 다 의지하진 못했는데요, 그냥 말할 순 있는 정도? 그런데 그 친구가 힘든 건 제가 어떻게 해서든 다 들어주려고 했어요. 그런데 그게 몇 년이 되다 보니 저도 좀 지치더라고요. 저도 더 이상 못 챙겨

주겠다 싶을 땐 건성으로 듣기도 했고요. 제가 관계를 망친 걸까요? 원래는 정말 좋은 관계였는데."

소현 씨는 일방적으로 퍼주는 관계에서 오는 스트레스가 조금씩 쌓여 피곤한 티를 낸 것이 관계가 멀어진 이유 같다고 자책했다.

이 관계가 틀어진 것은 소현 씨만의 탓이 아니다. 상대방의 이야기도 들어봐야겠지만 두 명의 관계이니 적어도 반절만큼만 소현 씨의 몫이라고 보는 게 적절하다.

소현 씨는 좋았던 과거의 관계를 잊지 못하고, 현재의 어색해진 관계와 비교하며 힘들어했다. 좋은 관계를 유지하려면 아무리 불편해도 참아야 한다는 생각도 뿌리 깊게 가지고 있었다.

그런데 그렇게 참아야만 유지되는 관계라면 그 관계는 과연 누구에게 좋은 것일까? 소현 씨가 관계의 불편함을 참으면서까지 지켜야 할 관계가 정말로 좋은 관계였을까? 소현 씨는 그 친구가 아닌 다른 사람에게도 일방적으로 퍼주는(주로 고민이나 힘든 감정을 들어주는) 역할을 자처하고 있었다. 그렇게 해야지만 좋은 관계를 만들 수 있다고 믿었기 때문이다. 그런 소현 씨에게 필요한 건 '듣는 역할'만이 소현 씨가 관계에서 할 수 있는 일인가에 대한 점검이다.

관계에서 시도해 봐야 하는 것들

소현 씨와 얘기해 보니 현실의 소현 씨는 어린 시절처럼 혼자가 아니었다. 지금 곁에는 소현 씨를 좋아하고 응원하는 사람들이 생겼다. 어린 시절 혼자였을 땐 소현 씨가 할 수 있는 일이 듣는 역할 뿐이었다면, 이젠 자신이 원하는 모양으로 관계를 만들어 볼 수가 있다.

이제 소현 씨에게 필요한 건 본인이 관계를 이어가고 싶은 사람과 어떠한 관계를 만들어갈 것인가에 대해 진지하게 생각해 보고, 이전과는 다른 행동을 해보는 것이다. 즉, 지금은 좀 멀어졌다 느끼는 그 친구와 진정으로 관계를 만들어가고 싶다면, 그 친구의 입장에서 지금 이 상황을 조망해볼 수 있다.

첫 번째로, 소현 씨가 지금 고민 중인 그 친구가 다른 사람과 더 가깝게 지내게 된 배경에 대해 생각해 볼 수 있다. 소현 씨가 더 이상 자신의 말을 예전처럼 들어주지 않는다고 느끼기에 새로운 사람이 필요해졌다는 가설을 세워볼 수 있다. 만약 소현 씨가 친구의 상황이나 마음을 조망해보지 않는다면 관계는 회복되기 어려울 것이다. 오히려 다음과 같은 생각에 스트레스는 더욱 커질 수 있다.

'내가 지금까지 얼마나 잘해줬는데 어떻게 나를 두고 다

른 사람과 더 자주 연락하고 지낼 수가 있어?'

타인에게 실망하고 그를 비난하는데 시간과 에너지를 써 버리게 되는 것이다.

두 번째로, 그 친구에게 소현 씨가 바라는 관계의 모양을 얘기해 볼 수 있다. 지금까지는 들어주기만 하는 입장에서 관계를 이어왔다면, 앞으로는 다양한 역할의 친구도 되고 싶다는 의사를 밝혀보는 것이다. 내가 지금까지 힘든 이야기를 들어줬던 것처럼 늘 듣는 역할을 해줄 순 없지만, 또 다른 부분에서 교감할 수 있는 친구가 되고 싶다는 의사를 전달할 수 있다.

세 번째로, 지금까지 소현 씨가 친구에게 지쳤던 부분에 대해 얘기해 볼 수 있다. 이때는 조금 더 세심한 주의가 필요하다. 단지 '내가 너 때문에 힘들었어'와 같은 부정적인 감정만 호소하는 것보다는, 구체적으로 어떤 '상황'에서 친구가 어떤 '요청'을 했을 때 내가 어떤 '감정'이 들었다고 최대한 구체적으로 설명하는 것이 필요하다. 그리고 이러한 상황이 불편한 것이지, 너라는 사람 자체가 힘들었던 것이 아니라고 '상황'과 '사람'을 구분해주면 더욱 오해의 소지가 줄어든다.

성숙한 관계 맺기

성격적으로 성숙해진다는 것은 나 이외에도 이 세상에 존재하는 타인에 대해 관심을 갖고 궁금해하는 것으로부터 출발한다. 지금 상처받은 나의 감정도 중요하다. 그런데 그 감정에만 빠져 타인의 상황을 조망하지 못한다면 타인과의 연결은 끊어진다. 인간의 성격적 성숙은 자기 자신과 맺는 관계뿐만 아니라, 타인과 맺는 관계에도 진정한 관심을 가지며 균형을 찾을 때 만들어진다. 타인과 진정으로 연대할 수 있는 내가 되는 것이다.

가까운 관계에서 갈등이 발생했다면 늘 하던 생각이나 행동을 주기적으로 점검하고, 새로운 행동을 더 해보자. 혹시 지금까지 내가 고수하던 행동 패턴에 오류는 없는지? 제거해야 할 습관은 무엇이 있을지? 더하면 좋을 습관 혹은 새롭게 해볼 행동은 무엇일지를 생각하고 시도해보는 것이 내 성격의 성숙, 특히 관계 스트레스에 생산적으로 대처할 수 있는 스킬을 확보하는 데 도움이 된다.

불편함을 솔직하게 터놓고 함께 대응책을 세울 수 있는 관계가 좋은 관계다. 불편함을 숨기며 싫은 것을 억지로 참고 솔직하게 터놓지 못하는 관계는 좋은 관계가 아니다.

지금 내 안에 어떠한 감정이 느껴진다면 그 감정은 지금 내 안에 있을 만한 중요한 이유가 있으며, 내 안에 더 이상 존재할 이유가 없어질 경우 그것은 자연스럽게 사라지거나 다른 모양으로 바뀐다.

관계도 마찬가지다. 지금 우리가 중요시하는 어떤 관계에서 어떤 감정, 어떤 생각, 어떤 모양의 행동들이 나타나고 있는지 살펴보자. 그 모든 것은 이 관계에서 존재할 이유가 있기에 나타나고 있을 것이다.

예전과 같은지, 달라졌는지가 중요한 게 아니라, 지금 내가 느끼는 감정이 어떤 모양인지 살펴보고, 그 의미에 귀를 기울여보고 말을 걸어보는 것이 중요하다.

내가 20대 때 함께 살던 외로움이라는 감정은 지금 느껴지지 않는다. 그때는 내 안에서 그렇게나 중요하고 한시도 떨어지지 않고 나를 힘들게 하더니 이 감정은 어디로 사라진 걸까? 아마 다른 모양으로 변해 있거나, 사라졌거나, 지금 나올 필요가 없어서 잠자고 있거나 할 것이다.

왔다 갔다 소리도 없이 사라졌다 나타났다 하는 감정처럼 관계도 어떻게 변화할지 우리는 알 수 없다. 좋은 관계도 평생 유지될 거라 기대할 수 없단 얘기다.

'제발 이 좋은 관계가 평생 가게 해주세요' 기도는 할 수 있어도, 반드시 이루어져야 한다고, 관계가 깨지면 내 세상도 끝날 거라는 파국적 생각을 지닌 채 살아가는 건 나의 미성숙함을 방증할 뿐이다.

어제보다 조금 더 성숙해진 내가 할 수 있는 것은, 지금의 관계 모양을 잘 관찰해 보면서 내가 그 사람에게 느끼는 감정을 옳고 그름을 따지지 말고 그저 인식해 보는 것이다.

불편한 게 있다면 용기 내어 얘기해 볼 줄도 아는 어른이 되어 가는 것이다. 지금 내 곁에 남아 있는 관계라면 불편함이 전혀 없었던 관계가 아니라 불편함을 함께 해결해왔던 관계일 것이다. 지금 여기에서 할 수 있는 것을 이 관계 안에서 마음껏 해 볼 수 있는 내가 되길 바란다.

5

눈치가 늘어날수록 삶은 피폐해진다

눈치 보기 어려운 게 정상이다

"전 왜 이렇게 눈치를 볼까요? 이런 제가 피곤해요."

사람들의 시선을 지나치게 신경 쓰는 자신을 미워하는 사람들이 많다. 어딜 가든 사람들의 눈빛, 말투, 행동을 관찰하며 혹시라도 나를 싫어하진 않는지 확인하려는 사람들. 자신이 관찰한 결과에 맞추어 말하고 행동하려 자신을 검열하고 통제하려는 시도는, 본인도 피곤하지만 함께 있는 사람도 부자연스러움을 느낀다. 타인에게 미움받지 않기 위한 시도는 결국 사람 간의 소통을 방해하는 결과를 낳는 것이다.

어떤 사람은 '난 왜 이렇게 눈치가 없을까?' 고민한다. 사람들에게 눈치 없다는 소리를 종종 듣는 사람도, 눈치를 많이 보는 사람처럼 마음이 괴롭긴 마찬가지다. 눈치라는 게 도대체 뭐기에 관계 속에서 우리를 자유롭지 못하게 하는 걸까? 눈치는 도대체 어떻게 보는 게 적당한 걸까?

눈치의 사전적 정의는 '남의 마음을 그때그때 상황으로 미루어 알아내는 것'이다. 표준국어대사전에 나와 있는 정의를 보고 순간 씁쓸함을 느꼈다. 나 자신의 마음도 그때그때 잘 모르는 경우가 많은데, 남의 마음을 알아내려 애를 써야 한다니 말이다.

더 심각한 부분은 미루어 알아내는 것, 즉 어림잡아서 짐작한다는 것이다. 확실함이란 존재하지 않음이 전제되어 있는 눈치라는 행위를 어떻게 적절하게 하는 게 좋을까? 우리나라의 사전적 정의에 따르면 눈치는 본래 불편하고 정확성이 떨어지며, 애초에 잘하기가 어려운 것으로 느껴진다.

말하지 않으면 모른다

상담심리학자들은 한국인만이 가진 특성으로 정, 체면, 그리고 눈치를 꼽는다. 눈치의 경우, '관계'를 사회의 근간을 이루는 요소라고 여기는 한국을 포함한 중국, 일본 등 동아시아권 집단주의 사회에서 주로 나타나는 행동 특성이다. 한국 문화에서 눈치가 고유한 특성으로 꼽히는 배경에는 '직접적으로 요구하거나 표현하기'를 꺼려하는 한국인의 경향성이 있다.

이것을 단적으로 보여주는 광고 문구가 '말하지 않아도 알아요, 눈빛만 보아도 알아, 그저 바라보면 마음속에 있다는 걸'이다. 말하지 않았는데 눈빛만 보고 아는 것은 얼마든지 틀릴 수 있는 추정이다. 정말 알았는지 내 맘대로 착각했는지도 불분명하다.

눈치는 다른 사람의 좋은 평가를 얻기 위한 수단으로 활용된다. 눈치와 비슷한 개념으로 마음 읽기, 공감 등의 개념이 있는데, 눈치는 공감이나 마음 읽기와 같이 타인의 마음에 적절하게 반응하는지를 포함하는 개념이 아니다.

상대방의 니즈에 맞게 적절하게 반응했는지 여부와 상관없이, 나 혼자서만 북 치고 장구 치고 얼마든지 눈치를 볼 수 있는 것이다. 그러므로 적절하지 않은 눈치의 사용은 오히려 관계를 방해한다. 자꾸 눈치 보는 행동에 익숙해진 개인은 관계뿐만 아니라 자기 자신에 대해서도 존중감을 잃어갈 것이다.

눈치를 많이 보는 사람들은 흔히 자신이 타인에게 많은 관심을 가진다고 생각한다. 그런데 타인에게 관심을 갖는 것과 타인에게 비친 자신의 모습에 관심을 갖는 것은 다르다. 사실 눈치만 보면서 타인을 위하는 마음은 전혀 없을 수 있다. 타인을 위하는 마음이 있어야만 눈치를 보는 것도 아니다. 위하는 마음이 전혀 없는 싫어하는 타인에 대해서도 얼마든지 눈치를 볼 수 있다.

관계는 눈치로 만들어지지 않는다

어릴 적부터 눈치를 많이 보며 살았던 나 자신을 돌아보면, 눈치는 관계에서 내가 택했던 생존방식이었다. 그저 내가 '인정받고 싶은 사람에게 최대한 맞추면 좋은 관계를 맺을 수 있겠지?'라고 생각했다. 상대방에게 맞추는 것을 꽤 잘하기도 했다.

난 왜 그렇게 남한테 맞추는 걸 잘하게 된 걸까? 어릴 적 나를 돌이켜 생각해 보면 태어나자마자 엄마 아빠의 눈치를 봤던 내가 떠오른다. 감정 표현이 서툴렀던 엄마 아빠가 나를 어떻게 생각하는지 늘 궁금했다.

첫째인 나는 부모님에게 착한 딸이고 싶었다. 엄마에게는 많이 대들었지만, 엄마가 좋아하는 딸로 존재하고 싶은 욕망은 강했다. 그래서 내가 택한 건 엄마 아빠의 니즈를 귀신같이 캐치해서 맞추는 것이었다. 부모님은 친히 말해주지 않으니까 내가 알아서 맞춰야 했고, 하면 할 수록 늘었다. 눈치력이 개발된 것이다.

그렇게 부모님과의 관계에서 배운 눈치라는 능력이, 사회에 처음 나온 내가 바로 써먹을 수 있는 유일한 무기였다. 단기적으로는 그 능력이 유용한 듯 보였으나, 결론적으로는 관계도 남기지 못했고, 나의 몸과 마음은 붕괴되기에 이르렀다. 진정한 관계를 맺는 데 에너지를 쓰기보다는, 상대방이 나를 좋아할 것 같은 행동을 하는 데 온 힘을 다 써버렸기 때문이었다.

그렇게 관계에서 소진되고 나서야 눈치력이 그렇게까지 소중하게 지켜야 할 것이 아니라는 걸 받아들였다. '눈치는 쓸 때만 쓰자. 언제 어디서나 상대방에게 맞추는 삶을 살지 말자'라고 난 나에게 말했다. 그렇게 난 자발적으로 눈치 보는 나를 그만두기로 했다.

관계는 상호작용이다. 나 혼자 눈치껏 만들어가는 게 아니라, 두 사람이 함께 만드는 것이다. 관계란 속성이 그렇게 생겼기 때문에 나의 안위에만 관심이 있는 채로 눈치를 사용한다면 그것은 어설픈 모습으로 나타날 것이 분명하다. 센스가 아니라 방어로. 그러니 이제 누군가의 눈치를 보는 대신, 지금 내가 두려워하는 관계에서 어떤 센스가 적절할지 그것에 관심을 기울여보자.

그 답은 타인과의 대화에서 찾을 수 있다. 내가 추측하고 판단해서 결론 내리는 자기중심성에서 벗어나서, 나와 함께 관계를 이루고 있는 그 사람과 함께 만들어 가는데 에너지를 써보자. 그러한 상호작용이 쌓인다면 어느새 '타인에게 잘 보이고 싶어서 눈치 보는 나' 대신에, '관계마다 적절하게 눈치를 센스로 활용하는 세련된 나'를 만날 수 있을 것이다.

6
배려에도 적당한 선이 필요하다

나의 배려만큼 나는 배려받지 못한다

상대를 배려하는 태도는 관계를 원활하게 만드는 데 필수 자질이다. 특히 조직에서는 전체를 위해 개인을 희생하고, 팀을 위해서는 협조적으로 배려하는 캐릭터를 '팀워크'와 같은 하나의 역량으로 요구하기도 한다. 그런데 그렇게 집단에서 원하는 개인으로 충실히 살아오다 보면 오히려 배려심이 해가 될 때도 있다. 바로 개인으로서 독립성을 잃어버리는 경우다.

늘 타인을 우선시하고 튀지 않거나 주목받지 않으려는 성향이 배려행동과 결합될 경우, 독립성이 취약해질 가능성은 더욱 높아진다. 개인의 목표보다는 집단의 목표에 관심을 기울이며, 결과적으로 배려심 많은 좋은 사람으로 기능하는 데 익숙해진다. 사람들은 자기 것을 고집하지 않고 양보하는 사람에게 호감을 느끼는 경우가 많기 때문이다. 그런데 이렇게 살다 보면 어느 순간 이런 생각이 든다.

'내가 이렇게까지 배려했는데 왜 사람들은 나에게 배려가 없는 거지?'

배려하다 매력 없는 사람이 된다

배려 잘하기로 손꼽히는 미수 씨는 직장에서 실적은 좋지 않으나, 관계는 좋은 편이라고 평가받는다. 미수 씨는 주변 사람들을 전혀 불편하게 하지 않는 성격이다. 일은 잘 못하지만 팀 분위기에 조화가 잘 되어 미워할 수 없는 유형이라는 평가를 받는다.

미수 씨의 얘기를 들어보니 자기는 그저 누구와도 불화를 일으키기도 싫고, 원하는 것도 딱히 있는 게 아니어서 다른 사람들의 의견에 맞추는 데 익숙하다 보니 배려를 잘하는 사람처럼 보이는 것 같다고 했다. 그래서 특별한 갈등을 만들지도 않았지만, 그렇다고 매력이 드러나는 것도 아닌 '색깔 없는 구성원' 역할을 맡고 있었다.

미수 씨처럼 타인에게 맞추는 데 익숙하다 보면 자기 목소리가 점점 없어진다. 그것은 진정한 의미의 배려라기보다는, 사람들과의 갈등을 피하기 위한 수단일 뿐이다.

그런 미수 씨가 요즘 종종 폭발하는 일이 있다고 털어놓았다. 자신은 언제나 상대방을 위해 양보하고 조직을 위해 궂은일을 도맡아 했는데, 상대방은 조그만 양보조차 하지 않고 자신의 몫만 챙기려고 할 때 짜증과 화가 올라온다고 했다. 미수 씨는 점차 자신의 감정을 통제할 수 없게 되었다. 때때로 상대방이 내가 원하는 반응을 보이지 않을 때, 표정이 경직되거나 불편한 기색을 보이기 시작한 것이었다.

관계에서의 주고받기

미수 씨처럼 착한 사람 콤플렉스를 가지고 있는 사람일수록 내면에는 분노가 가득할 수 있다. 주고받는 것에도 균형이 있어야 건강한 관계다. 지금 베풀어도 괜찮다는 생각에는 언젠가 보답을 받을 것이라는 신뢰가 전제되어 있다.

신뢰가 있는 관계에서는 나의 호의에 대한 대가를 즉시 요구하지는 않는다. 언젠가 상대방도 나에게 호의를 베풀 것이라는 믿음 때문에 장기적으로는 관계의 균형이 맞을 것이라고 무의식적으로 생각하기 때문이다.

반대로 신뢰가 없는 거래 관계에서는 주고받기가 즉시

이루어진다. 상대방을 못 믿으니까 나중을 기약할 수가 없는 것이다. 신뢰가 있는 관계라고 하더라도 영영 내가 받을 것이 없는 관계는 괜찮지 않다. 단지 관계는 장기적인 것이고 상대방을 믿으니까, 지금 당장 무언가를 요구하지 않을 뿐이다.

나의 배려에 대한 보답이 전혀 돌아오지 않을 것이라고 여겨지는 상황에서는 좋은 마음으로 배려를 계속할 수 없다. 관계의 균형이 깨져 있기 때문이다. 참다 참다 결국에는 폭발하기 마련이다.

관계의 균형이 깨진 상태에서 배려를 계속하는 것은 결국 관계를 좋게 만들지 못한다. 내가 가지고 있는 분노는 어떤 형식으로든 티가 나게 마련이다. 상대방은 그것을 무의식적으로 알아챈다. 자신의 모습을 영상으로 촬영해서 다시 보면 감출 수 없는 비언어적 메시지가 반드시 포착된다.

그러니 나의 배려가 결국 보답받지 못할 것이라고 느껴진다면, 이제 그만 배려를 멈추어야 한다. 이 악물고 경직된 표정으로 하는 배려는 상대방으로서도 반갑지 않다. 상대방으로서는 '내가 언제 그런 배려를 해달라고 했어? 자기 마음대로 배려해 놓고 대가를 바라다니 황당하다'라고 생각할 수도 있다.

신뢰 있는 관계는 균형이 필요하다

관계에서 갈등이 존재하지 않는 상황은 없다. 만약 관계에서 갈등이 없다고 느껴진다면 그 관계의 깊이나 중요성을 생각해 볼 필요가 있다. 어떠한 방식으로든 서로의 인생에 연결되어 있다면 크고 작은 갈등은 생길 수밖에 없다.

장기적으로 신뢰 있는 관계를 형성하려면, 관계의 균형이 맞아야 한다. 상대방에게 나의 배려가 필요한 것인지 굳이 필요하지 않은데 나 혼자 북 치고 장구 치고 있는 것인지, 상대방으로서는 나의 호의에 대가를 제공할 마음이 있는지 객관적으로 따져볼 필요가 있다.

상대방이 서로서로 호의를 주고받는 관계를 원하지 않는다면 배려를 그만두면 된다. 상대방은 호의를 제공할 필요가 없는 피상적인 관계를 원하는데, 내 마음대로 배려를 해놓고서 상대방으로부터 돌아오는 것이 없다고 억울해하면 분노가 쌓이고 그것은 결국 때가 되면 폭발한다. 중립적으로 그저 데면데면 유지할 수 있는 관계였음에도 결국 나쁜 관계가 되어버리고 마는 것이다.

배려는 어떠한 경우에도 묻지도 따지지도 않고 상대를 가리지 않고 무조건적으로 해야 하는 것이 아니다. 상대방의 필요와 요구에 따라 배려를 제공하고, 상대방과의 관계에서 균형을 맞추자. 그렇게 할 때 나도 상대방으로부터 배려를 받을 수 있다. 신뢰가 쌓여서 지금 당장 호의가 돌아오지 않더라도 좋은 마음으로 상대방에게 베풀 수 있다.

7
무례함과 예민함을 구분하자

누군가 당신의 예민함을 지적할 때

누군가가 당신에게 "넌 왜 이렇게 쓸데없이 예민하니?" 이야기한다면, 당신은 어떻게 반응할까.

1. 내가 무엇에 예민한지 생각해 본다.
2. 나한테 왜 이런 말을 하는지 상대의 입장에서 생각해 보거나 물어본다.
3. 나의 예민함이 쓸데없는가 돌아본다.
4. 난 왜 이렇게 쓸데없이 예민한가 자책한다.

이렇게 다양한 방식으로 상대방의 말에 대한 나의 1차 반응이 나타나고, 이에 따라 2차 반응이 나타난다. 상대의 말에 어떻게 반응하느냐에 따라서 이후 나타나는 생각, 감정, 행동이 달라지게 되는 것이다.

첫 번째 반응이 일어난다면 이후에 당신은 '내가 구체적으로 예민해하는 주제'에 대해 생각해 보는 시간을 가질 수 있을 것이다.

두 번째 반응에 이어서는 '상대방은 왜 나에게 그것을 궁금해하는지' 고민해 볼 수 있다.

세 번째 반응에 따라서는 '쓸데없는 것과, 쓸 데 있는 것'의 차이를 따져볼 수 있을 것이다. 그러나 네 번째 반응은 다르다. 이는 더 깊은 생각을 통해 성찰을 돕는 방향과는 다르게 이어진다.

네 번째 반응(자책)은 성찰을 위한 생각보다는 나의 감정이 건드려진다. 그리고 나의 존재 자체가 흔들리게 된다. 쓸데없이 예민한 내가 미워지며, 그런 나의 존재를 부정하고 싶어지는 것이다. 앞의 세 가지 반응과 다르게, 네 번째 반응은 성찰과 거리가 멀어지며, 예민함이라는 본래의 주제에서도 벗어나게 된다.

하지만 정작 여기서 우리가 생각해 볼 것은 따로 있다. 즉, 나의 예민함을 쓸데없다고 말한 상황 자체, 그 사람이 나의 예민함을 지적한 그의 무례함에 대해서 생각해봐야 한다.

예민한 내가 문제인가

누군가와 기분 나쁜 상황이 발생했다고 치자. 그 상황에서 '혹시 내가 너무 예민해서 벌어진 일인가?'라고 생각하게 될 경우, 고통은 오롯이 내 몫이 된다. 왜냐하면 상대나 상황이 제공한 원인은 없고 오로지 나에게만 원인이 있기 때문이다. 실제 상황에서 한 사람이 100% 원인 제공자일 경우는 드물다. 관계는 상호작용이기 때문이다.

문제는 이런 일이 한 번만 있는 것이 아니라, 반복된다는 것이다. 특히 관계에서 늘 '내가 너무 예민한가?'라고 생각하며 스스로를 쪼그리로 만드는 게 버릇이 된다면 나는 정말 '예민해서 이상한 사람'이 되어가는 자신을 느끼며 나날이 자기를 혐오하는 성격이 패턴으로 굳어진다. 하영 씨의 경우도 이와 같았다.

"요즘 제가 너무 심각하게 예민해진 것 같다는 생각이 들어요. 이것도 제가 예민한 거겠지만…. 사람들이 저를 공격하는 것 같다고 느낄 때가 많아졌어요. 모두가 저를 탐탁지 않게 보는 것 같고요. 그렇게 저를 보는 사람들이 다 미워지고 짜증 나요. 사람들이랑 있으면 원래도 좀 많이 지치긴 했는데 요즘은 더 빨리 집에 오고 싶어져요. 그런데 집에 와서 뭘 해도 재미가 별로 없어요. 원래는 재밌었던 일도, 연얘도 다 하기 싫어요. 이런 제가 너무 싫어요. 또 제가 너무 예민한 거겠죠?"

나는 하영 씨에게 이렇게 얘기했다. 하영 씨가 느꼈던 것처럼, 본인이 예민할 수도 있고, 실제로 사람들이 하영 씨에게 무례했을 수도 있다고. 가장 높은 확률은 하영 씨도 예민하고 상대도 하영 씨에게 무례했을 경우라고. 그러니 이 모든 가능성을 열어두고 찬찬히 같이 객관적으로 살펴보는 것이 필요하다고 말이다.

하영 씨가 느끼는 예민함이, 누군가가 하영 씨에게 던진 무례함에서 비롯된 것이라면 하영 씨가 이상하거나 잘못된 것은 아닐 것이다. 이는 그녀가 겪은 상황들을 객관적으로 살펴보면 파악할 수 있는 일이었다.

내가 예민한 게 아니라 네가 무례한 거다

예민한 사람들의 천적은 무례한 사람들이다. 타인에게 말을 함부로 하는 무례한 사람들은 도대체 왜 남에게 상처를 주고도 모르는 것일까? 아니, 정말 모르고 있는 것일까? 혹시 알고도 모르는 척하는 건 아닐까. 그들은 상처받는 사람의 입장엔 관심이 없는 걸까?

그들이 무례하게 구는 이유가 무엇이든, 그것은 상처받

은 사람들이 짊어질 몫은 아니다. 무례함을 제공한 사람 또한 마땅한 몫을 짊어져야 한다. 무례한 사람들은(적어도 그들이 무례하다고 느끼는 상대방에게만큼은) 예의 없이 행동하는 게 객관적인 사실이다. 더 나아가 그들이 상처를 준 사람들에게 사용하는 말과 행동은 상대방으로 하여금 공격당했다고 느낄 만큼 세다.

영어에서도 무례함(rude)이라는 표현은 대개 성적이거나 신체에 대한 언급으로 상대방을 수치스럽게 만드는 언행을 뜻한다. 성이 금기시되는 편인 우리나라의 경우, 성적 발언으로 인한 무례함은 친구 사이에 흔히 벌어지는 일은 아닐 수 있으나, 신체에 대한 언급(대개 비하 발언)은 친구, 그리고 가족 사이에 빈번하게 일어난다.

나조차도 한창 외모에 민감할 10대 시절에 무례한 발언들을 많이 들어 왔다.

'상체에 비해 하체가 좀 튼실하네?', '너 얼굴 표정이 왜 이렇게 궁상맞아?', '너 걸음걸이가 팔자라서 보기 흉해', '넌 스커트는 안 어울려. 바지만 입어' 등의 말들은 나의 신체 이미지를 부정적으로 인식하게 하는 결정적인 자극이 되었다.

이런 무례한 말들로부터 받은 상처를 해소하지 않고 그

대로 두면 성인이 되어서도 신체(혹은 외모) 콤플렉스를 안고 살아가게 되며, 남몰래 정서적 고통을 겪으며 잠 못 이루기도 한다.

내가 불편한 건 불편한 것이다. 내가 불편한 건 제쳐두고, '내가 남보다 예민하게 구는 건 아닌가?' 생각하며 자책하지 말자. 예민함의 차이는 타인과 비교할 필요도 없고, 비교해서 얻는 것도 없다. 그렇게 나의 예민함을 나 스스로 평가하는 동안 나의 불편감은 내 안에 쌓이며 무의식중에 나를 무례하게 대한 상대에게 복수의 칼날을 갈 수도 있다.

수년간 고통받은 자신에게 통쾌하게 한 방 날릴 수 있는 기회를 주자. 그동안 자신의 무례함을 내 기분에 상관없이 나에게 투척한 상대방에게, 기분 나쁘다고 티 내는 것부터가 시작이다. 참는 것보다 오히려 그렇게 하는 것이 관계에도 이롭다. 적어도 솔직함은 확보된다. 내 마음을 솔직하게 드러내는 것은 갈등 관리에 필수다. 누가 나에게 반복적으로 지적질을 해왔다면 나도 똑같이 해 보자. 나도 그 사람이 나에게 한 그대로. 그리고 그 사람에게 물어보자.

"네 기분은 어때?"

그 사람은 괜찮을 수 있다. 나만 기분 나쁠 수 있다. 그렇다 하더라도 내가 관계에서 그 사람의 말투로 인해 기분 나

빴던 지점을 수면 위로 꺼내놓는 대화 자체가 의미 있다.

변화는 여기서부터 시작이다. 예민했던 내가 예민하지 않은 내가 되는 것이 아니라, 여전히 예민하지만, 나에게 무례하게 대하는 누군가에게 대처하는 방법을 배우는 것이다. 그 사람의 무례함을 나의 예민함으로 해석하고 넘어간다면 그 사람에게 난 만만한 사람이 될 뿐이다. 무의식중에 '당신은 나에게 무례해도 된다'고 허용하는 거다.

예민해서 더 상처받았을 당신의 삶이 앞으로는 조금 덜 무거워지길 바란다. 예민하게 태어난 것도 버거운데 주변에서 날아오는 각종 폭탄을 맞아내느라 고생 많았을 것이다.

이제부터는 따스한 눈빛이나 섬세한 배려까진 아니더라도 인간 대 인간으로 최소한의 예의는 상식적으로 지키는 사람들과 가까이하길 기원한다. 최소한의 매너도 보이지 않는 사람들의 무례함으로 인한 상처는 나의 예민함 탓이 아니라는 점을 기억한다면 이 삶이 조금은 편안해질 것이다.

3장

일에 걸려 넘어진 당신에게

1
잘하고 싶을수록 게을러진다

이번엔 잘하고 싶다는 마음

‘시작이 반이다’라는 말이 지금까지 살아남은 이유는 시작의 힘듦을 아는 사람들이 그만큼 많다는 이야기가 아닐까 싶다. 누구에겐 시작이 쉬울 수 있지만, 시작 자체가 매우 힘든 사람들도 많다. 이것은 개인차다. 이들 중에는 신중해서 돌다리를 두드리고 있는 중인 사람들도 있고, 어떻게 시작해야 할지 몰라서 시작이 늦어지는 사람들도 있다.

그런데 많은 경우, 시작하지 못하는 행동의 저변에는 ‘잘하고 싶은 마음’이 자리 잡고 있다. 잘한다는 것의 최고치는 ‘완벽함’일 것이다. 우리는 완벽하지 않기 때문에 완벽해지고 싶지만, 애초에 완벽이란 없기에 잡히지 않는 허상을 좇느라 초조해진다. 한 번 완벽에 가까운 성취를 해내기라도 한 다음에는 일의 시작이 더욱 어려워진다. 이번에는 더 큰 성취를 이뤄야만 할 것 같기에 더 많은 시간을 준비하느라 꾸물거리는 시간이 축적된다. 부담감은 더욱더 커져만 가고 시간은 흘러간다.

시작하지 못하는 나를 비난하다

심리학에서는 시작을 미루면서 꾸물거리는 마음과 완벽주의 간의 연관성에 대해 많은 연구를 해 왔다. 완벽하고 싶은 마음에는 미루는 마음이 따라온다. 어떤 일을 하는 것 자체에 에너지를 쓰기보다는 '잘하고 싶은 마음'에 에너지가 쓰이기 때문에, 실제로 행동하는 데 쓸 에너지가 줄어드는 건 어찌 보면 자연스러운 일이다.

완벽주의자에게 잘하고 싶은 마음이란 곧 두려움의 다른 표현이다. 즉, 완벽하게 잘해야 한다는 마음은 일을 시작하기도 전에 안 될까 봐 두려워하는 사전불안을 일으킨다.

사전불안은 사람에 따라 양상이 다양하게 나타난다. 중요한 것은 내가 뭘 그렇게 다 잘하려 하는지, 지금 나에게 불안한 마음이 어떻게 나타나고 있는지, 불안은 실제 나의 성취에 도움이 되고 있는지, 불안에 떨다 나의 몸과 마음이

상하고 있는 건 아닌지 등을 살펴보는 것이다.

사전불안을 조절하는 방법에 집중해 본다면 나의 불안은 내가 그토록 바라는 실질적인 성과로 이어질 가능성이 높아진다. 우선 불안한 마음을 인식하고, 그 불안을 일의 에너지로 전환시키는 연습이 성과를 만드는 데 기여한다.

'내가 지금 불안하구나. 또 잘하고 싶구나. 이 마음을 일에 써볼까?'

이렇게 내 마음과 대화해 보는 것이다. 그렇게 하지 않으면 우리는 결국 미루는 마음을 채찍질하느라 에너지를 써버린다.

완벽하라는 주문에 맞서는 법

"그냥 해! 그냥 하면 되잖아. 왜 시작을 안 하고 있어?"

사람들은 시작하지 못하는 자신에게 이렇게 지적을 하곤 한다. 이런 말을 자주 듣다 보면 어느새 내가 나 자신을 비난하게 된다.

연수 씨가 이와 같은 경우였다. 그는 사소한 결정에 있어서도 머뭇거리는 자신을 미워하고 있었다.

"뭔가를 할 때 '이게 맞을까?' 생각하느라 머뭇거리는 시간이 정말 길어요. 남보다 못하면 안 된다는 생각도 늘 갖고 있어요. 행동은 안 하면서, 목표치는 높은 거죠…."

연수 씨의 마음 이면에는 남들보다 잘하지 못하면 안 된다는 신념이 깔려 있다. 그래서 제대로 못해서 큰일 날 바에는, 차라리 안 하는 게 낫겠다는 결정을 한다. 궁극적으로 아무것도 안 하는 시간이 길어지다 보니 데드라인을 못 맞추거나 막판에 몰아서 하느라 생각한 것을 다 구현하지 못하는 결과로 이어지기 일쑤다. 잘하고 싶은 마음과는 거리가 먼 행동, 그에 따른 결과를 계속 마주하다 보면 자기에게 실망하는 일이 많아지는 상황을 피하기는 점점 더 어려워진다.

일주일 동안 작업할 일이 있는 경우를 예로 들어보자. 6일 동안 '잘해야 하는데 어쩌지, 어쩌지…' 불안해하고, 실제 작업은 마지막 날에만 하는 경우, 성과가 별로인 것은 당연하고 자연스러운 결과이다.

불안해하는 것은 노력이 아니다. 고통스럽고 힘들어했다고 한들 성과가 잘 나올 이유는 전혀 없다. 차라리 3일 동안 완벽하지 않은 초안을 만들고, 남은 4일 동안 초안을 가다듬고 수정하고 개선하는 편이 훨씬 더 성과가 좋다.

초안이 완벽하지 않은 것은 문제가 되지 않는다. 고치면 되기 때문이다. 하지만 많은 완벽주의자들이 '고칠 수 있다'는 점을 망각한 채, 완전무결하지 않은 초안을 산출하는 것을 두려워한다. 단 한 점의 고쳐야 할 포인트 없이 완벽한 것만을 산출하려 할 경우, 성과가 떨어지는 것은 필연적인 결과이다.

완벽을 추구한다는 것은 그 자체로 완벽하지 않다는 사실을 반증하는 행동이다. 완벽하지 않음을 인정하고, 불완전함까지 나의 일부로 인정하며 지금 여기에서 할 수 있는 일에 집중하며 살아가면 된다. 어차피 완벽해지려고 채찍질한다고 해서 내가 완벽해질 수도 없다.

그러니 누군가가(혹은 내 안의 목소리가) 완벽하라고 주문한다면 반박해 주자. 그것은 당신의 바람이고, 이 세상에 완벽은 없다는 것을 이젠 인지하고 있다고. 이 말을 반복해서 나 자신에게 얘기해 주면 타인의 주문(혹은 내 안의 목소리는)은 점점 힘을 잃는다. 그리고 나의 자유의지로 할 만큼만 해나가는 내가 되어갈 수 있다.

잘하자는 주문은 나를 괴롭힐 뿐이다

나 또한 너무 잘하고 싶은 마음이 자주 들어 초조해하는 데 시간을 쓰는 편이었다. 그런 나를 보는 사람들은 말했다.

"뭘 그렇게 다 잘하려고 해요?"

그러게 말이다. 난 뭘 그렇게 다 잘해야 한다고 생각했을까. 이젠 나에게 '보통만 하자'라고 말해준다. 기준을 보통으로 잡고 '내가 할 수 있는 것만 해보자!' 이렇게 다독여 본다.

'또 잘하고 싶은가 보군. 근데 걱정마. 이렇게 사전불안에 떨지 않아도 결국 어느 정도는 해낼 거야. 내가 할 수 있는 선에서 최선을 다할 거니까. 그 이상은 어차피 못해.'

그렇게 나 자신을 타이르기 위해 잠시 멈추는 단계를 거친다. 그러면 나의 사전불안은 조금씩 잠잠해진다. 그러다 또 불안이 올라오면 이전과 똑같이(억누르는 것이 아니라) '보통만 하자'라고 차분하게 나 자신에게 얘기해 주면 된다. 불안은 아기 대하듯 친절하게 다루면 잠잠해진다.

반대로 '나는 절대로 불안해서는 안 돼'와 같이 이미 존재하는 불안을 부정해버리면, 불안이라는 감정은 점점 더 통제할 수 없는 괴물이 된다.

감정의 속성이 그렇다. 감정은 우리 내면의 상태를 알려주는 신호이기 때문에 감정을 알아 주지 않고 억압하거나 부정한다면 내면에서 채워지지 않은 욕구는 다시 좌절을 경험한다.

좌절된 욕구를 대변하는 불안은 점점 더 증폭된다. 결국,

명백히 존재하는 불안을 없는 것으로 치면 역설적이게도 증폭된 불안에 완벽하게 압도당하는 상태가 되어버린다. 불안을 인정하고 수용할 때 오히려 불안을 관리할 수 있다.

그러니 시작부터 지나치게 '잘해야 한다'고 자신에게 엄격한 기준을 제시하는 나를 발견할 때마다 그 자리에서 멈춰 보자. 반대로 그렇게까지 '잘해야 한다'고 얘기하지 않아도, 어느 정도 내가 할 수 있는 만큼 할 것이라고 말해 주자.

부담감을 주면서 나 자신을 협박한다면, 내가 하고자 했던 것 자체에 투입할 행동력이 떨어진다는 점을 기억하면서. 나 자신을 믿고 그냥 하자. 그것이 지금 내가 나 자신에게 건넬 수 있는 최선이다.

2

노력은 전략이 아니다

열심히 해야만 한다는 착각

‘무엇이든 열심히 최선을 다해서 해야 한다’는 생각에 시달리는 사람들이 많다. 뭐라도 생산적인 활동을 해야 한다는 생각들로 나태하고 게으른 자기 자신을 발견할 때마다 답답해하고 스트레스를 받는다.

‘너 왜 이렇게 나태하고 게을러?’

‘힘들어도 네가 이겨내야지!’

‘너 그렇게 게으르게 살면 안 돼. 성실해야지!’

열심히 하는 것이 바람직하다는 생각들에 공통적으로 깔려 있는 전제는 뭐든지 열심히 하는 것은 이롭다는 생각이다. 일이든 자기계발이든 무엇이든 열심히 하는 사람들과 자신과 비교하면서 점점 불안해지는데도 말이다.

'나도 성공하려면 뭐라도 해야 하는데….'

'이러고 있으면 안 되는데….'

'이대로 있다간 이직도 물 건너갈 텐데 어떡하지?'

열심히 하지 않는 내가 싫을 때

승은 씨의 경우도 그랬다. 열심히 하지 않는 자신을 보며 한심해했다.

"매일매일 일찍 일어나고, 영어 공부도 열심히 해야 하는데, 그렇게 하지 못하는 제가 한심해요."

승은 씨는 무엇이든 열심히 해야 한다는 생각에 시달리는 동시에 실제로는 게으른 자신을 자책하느라 지쳐 있었다. 승은 씨처럼 열심히 해야 한다고 생각하는 많은 사람들이 고민은 열심히 하지만, 생각과 일치하는 행동을 오래 유지하기는 어려워한다. 이는 의지박약인 탓이 아니다. 실제로 행동이 지속되지 않는 이유는 따로 있다. 동기가 결여되었기 때문이다.

우리는 무언가를 열심히 해야 할 이유가 있을 때 그것을 지속할 수 있다. 영어 공부를 예로 들면, 당장 바이어와 직접 영어로 소통해야 영업이 성사된다든지, 다음 주에 회사에서 영어로 프레젠테이션을 해야 한다던지 하는 매우 구체적인 목표가 있으면, 실질적인 문제해결을 위해 목표에 몰두할 수 있다.

막연하게 '남들도 그렇게 하니까', '글로벌 시대니까', '성공해야 하니까'와 같은 추상적인 이유로는, 행동을 꾸준하게 유지하기 어렵다. 다이어트도 동일한 메커니즘을 따른다. '남들이 살 빼라고 했으니까', '건강 챙기라고 했으니까 다이어트를 해야지'라고 마음먹는 정도로는 다이어트 행동을 유지하기 힘들다. 행동의 동기가 외부에서 왔기 때문이다.

나 자신의 동기가 아니면, 나에겐 살을 빼고 싶은 동기가 없는 것이나 다름 없다. 그렇다면 그것 또한 나의 게으름을 탓할 일이 아니다. 정말로 하고 싶은지는 모르겠는데 아무튼 뭐라도 해야 하는 것은 내 마음속에 동기가 없는 상황이므로 동기부터 점검하는 것이 순서에 맞다.

열심히만 하다가 망한다

'열심히'는 전략이 아니다. 열심히 하는 것이 삶에 도움이 되는 경우는, 가야 할 방향이 명확하게 정해져 있을 때이다. 출발선과 정지선이 정해져 있는 달리기 트랙과 같이 목표가 명확하게 짜여 있는 경우에는 열심히 하는 것이 도움이 된다. 그런데 현실의 삶은 그런 달리기 트랙과는 판이하다.

현실의 문제는 아무 전략 없이 열심히 한다고 해결되지 않는다. '어느 방향으로 갈지', '무엇을 해야 할지'부터 생각해야 한다. 이것이 전략이다. 모든 방향이 열려 있을 때 무턱대고 열심히 달리면 오히려 뒤로 갈 수도 있다. 열심히 달리는 것이 꼭 바람직한 결과를 보장하지 않는다는 말이다.

게다가 본인에게 필요한 게 무엇인지 모르는 채로 달리는 사람은 번아웃에 취약해진다. 번아웃이란 의욕적으로 일에 몰두하던 사람이 극도의 신체정신적 피로감을 느끼며 무기력해지는 현상이다. 성취에 대한 욕망이 지나치게 높고 전력을 다하는 성격의 사람에게서 주로 나타난다. 그러니 무턱대고 열정적인 사람을 부러워할 일이 아니다.

방향을 설정할 때 주의할 것이 있다. 뭐라도 열심히 해야 한다는 강박에 시달리는 사람들에게 궁극적으로 원하는 것이 무엇인지 물어보면 대개 이렇게 대답한다.

'남들이 인정해주는 회사에 가고 싶어요.'

'다른 사람들이 부러워할 만한 삶을 살고 싶어요.'

'성공한 사람처럼 보이고 싶어요.'

목표가 추상적이면 좌절하기도 쉽다. 내가 그리는 성공의 모습이 무엇인지, 최종목표에 도달하기 위해 달성해야 할 중간목표는 무엇인지, 구체적인 상이 짜여 있어야만 꾸준히 열심히 하는 것이 가능하다. 내적 동기가 있는 행동만 지속적으로 유지할 수 있다.

하루 이틀, 한두 번 억지로 하는 것은 참을 수 있지만, 인간은 몇 년간, 수백 번 억지로 하는 것은 견디지 못한다. 인간의 행동은 당위성이 아니라 원하는 마음 때문에 유지되기 때문이다.

외모를 꾸미는 행동, 맛집을 찾아가는 행동, SNS를 하루에 수십 번 켜는 행동 모두 자발적으로 유지된다. 행동이 매우 구체적이며 원하는 마음 또한 강력하기 때문이다.

성공을 위한 자기계발 행동도 마찬가지다. 막연히 '남들이 인정해주는 회사를 원해'에서 생각을 멈출 것이 아니라, 'Z회사에 들어가고 싶다'라는 구체적인 목표를 세우고, 최근 몇 년간 Z회사의 채용공고문부터 분석해 보는 것이 실질적으로 필요한 행동이다.

단순히 'Z회사에 들어가면 남들이 부러워하겠지?'라는 막연한 마음으로는 행동이 나오지 않는다. 내가 Z회사에 반드시 들어가야만 하는 이유부터 찾아야 한다. 내가 그것을 위해 매일 행동을 지속할 수 있을 만큼 강력한 이유, 인간의 게으름까지 물리칠 수 있는 그것이 없다면 결국 행동은 안 하고 자책만 할 것이다.

그래서 어떻게 살고 싶은가

그러니 '이렇게 살아도 되나?' 자책만 할 것이 아니라, 어떻게 살고 싶은지 최대한 구체적으로 생각해 보자.

'오늘은 책이라도 한 장 읽어야 하나?'

'뭔가 지식을 쌓는 생산적인 활동을 해야 하는데….'

이와 같은 의무감에 시달릴 것이 아니라 어떤 책을 읽고 싶은지, 어떤 지식을 습득하고 싶은지, 습득한 지식을 어디에 어떻게 쓰고 싶은지, 자기 자신에게 물어보는 시간을 가지는 것이 아무 책이나 한 장 읽는 것보다 훨씬 의미 있다.

도대체 뭐부터 해야 할지 감이 안 올 정도로 거대한 목표 앞에서는 회피하고 싶어지는 것이 인간의 마음이다. 성공 또한 마찬가지다. 거대한 성공, 현실적으로 달성이 가능할까 싶은 막연한 성공에 대한 큰 그림만 가진다면 현실의 자기와 이상적 자기 간의 차이 때문에 오히려 압도되고 만다. 큰 꿈이 현실의 나를 초라하게 만드는 것이다.

남들 때문에 해야만 하는 것은 어차피 오랫동안 지속되

지 못한다는 걸 기억하자. 작심삼일은 정해진 결말이다. 게다가 뭐든지 열심히 해야 한다는 강박에 시달리는 삶은 불행하다. 그럴 때일수록 내 마음속 동기는 무엇인지 멈춰서 생각해 보자. 무엇보다도 나 자신에 대해 생각해 보고, 내가 원하는 것을 달성하기 위한 전략을 수립하는 것이 실질적인 자기계발의 성과로 이어질 수 있다. 지금 당장 자신에게 한번 이렇게 물어보자.

"나는 어떻게 살고 싶은가?"

3
단점을 뒤집으면 강점이 된다

단점은 극복 대상이 아니다

성격 검사가 유행이다. 특히 MBTI는 10대들도 쉽게 이해할 수 있도록 해석을 돕는 다양한 버전의 콘텐츠가 쏟아져 '너는 무슨 유형이야?' '나는 ENFP인데!'라며 서로의 성격을 공유한다.

내가 초등학교에 다니던 90년대에도 학교에서 MBTI를 했었는데 그때와는 사뭇 다른 분위기다. 그때는 친구들에게도 나의 성격을 오픈하는 일이 별로 없었다.

그러나 요즘은 자신의 성격에 대해 얘기하는 사람들이 많아졌다. 그만큼 다양한 심리검사가 대중화되었기도 하고, 나 자신에 대해 적극적으로 알아보려는 트렌드가 만들어지고 있기 때문이기도 하다.

그런데 이렇게 심리검사를 하거나, 나를 찾는 사람 중에 '단점을 찾아서 극복해야 한다'는 생각을 가진 사람들이 많다. 이 또한 성장 욕구의 일부이나 그 방향이 맞는지에 대해서는 한번 생각해 볼 필요가 있다. 단점은 '극복 대상'이 아니라, '관리의 대상'이기 때문이다.

단점을 어떻게 관리하느냐에 앞서 생각해 볼 것은 '인간의 성격이란 무엇인가?'이다. 우리는 '성격'이라는 단어를 흔히 사용한다. 친구들 사이에서도, 가족들과 함께 있을 때도, 연인이나 부부 사이에도 '저 사람은 나랑 성격이 비슷하다' 혹은 '저 사람은 나랑 성격이 정반대야!'라고 쉽게 얘기한다. 이혼 사유에도 성격 차이가 자주 쓰인다.

성격은 모두 앞뒷면을 가진다

그런데 과연 그 성격의 어디가 어떻게 차이가 있고, 어디가 어떻게 비슷하기에 나와 타인의 성격을 비교하는 것일까? 성격은 다차원적이고 복합적인 개념이기 때문에 '비슷하다', '반대다'와 같이 단순 비교하는 것은 큰 의미가 없는데 말이다.

성격을 한마디로 정의하긴 어렵지만, 대체로 '개인이 환경에 어떻게 반응하는가를 나타내는 독특한 특성들의 총합'으로 볼 수 있다. 성격이란 '모든 인간은 다르다'는 전제에 기반을 둔 개별성에 대한 개념이다. 그리고 각각의 특성은 동전의 앞뒷면처럼 상황에 따라 유리한 점(강점)과 불리한 점(단점)을 모두 가질 수 있다.

중요한 것은 강점과 단점을 각 개인이 속한 상황 맥락 속에서 파악하는 것이다. 상황 맥락에 상관없이 언제나 유리하거나 불리한 절대적인 강점이나 단점은 존재하지 않는다.

예를 들어, 대담한 도전이 요구되는 상황에서 위험을 감수하는 행동 특성은 유리하게 작용할 수 있지만, 신중함이 요구되는 상황에서 위험을 감수하는 행동 특성은 무모함과 부주의함으로 나타나 불리하게 작용할 수 있다.

그러므로 나의 단점을 단편적으로 찾아 극복하는 것보다는 유연한 전략, 즉 상황에 따라 관리하는 방식이 적응에 유리하다. 상황은 계속해서 바뀌기 때문이다. 세상에서 변하지 않는 단 한 가지는, 모든 것이 변한다는 사실이다.

그러나 단점을 관리하지 않으면 타고난 재능마저 발목이 잡히는 불상사가 발생할 수 있다. 그렇기 때문에 나의 재능이 강점으로 발현될 잠재력을 높이기 위해서라도, 단점이 발목 잡는 상황은 관리할 필요가 있다. 최근에는 단점은 보지 말고 강점에만 집중하자는 주장도 많이 들린다. 하지만 긍정적인 측면에 집중해야 더 빨리 발전할 수 있다는 메시지들이 가진 오류는, 강점에 집중하면 마치 단점이 없어지는 것처럼 간주한다는 점이다.

단점은 계속해서 존재하며 나의 성과에 영향을 미친다. '없다고 치자'라며 회피한다고 단점의 존재 자체가 없어지지 않는다. 그 영향을 무시하고 그냥 앞으로 가봤자 잘 될 리 없다.

나의 단점을 관리하는 방법

내 인생에서 나의 단점이 계속해서 발목을 잡고 있다는 걸 눈치챘다면, 그로 인해 자꾸만 같은 곳에서 넘어지고 있음을 알아차렸다면, 이제는 단점의 영향을 줄이기 위한 최소한의 관리대책을 마련해야 한다.

최소한의 대책을 마련하는 이유는, '단점은 개발해 봐야 평균이 될 뿐 강점이 되지 않기 때문이다. 따라서, 단점은 발목 잡히지 않을 정도만 개발하는 것이 현실적이다.

예를 들어, 혜선 씨의 경우 권위에 도전하는 성격이었다. 그래서 자신이 납득할 수 없는 상사의 지시를 따르는 것을 힘들어 했다. 순응성이 낮은 성격 특성을 갖고 있는 그녀는, 위계적인 조직의 맥락에서 명백한 단점이 드러난다. 만약 높은 순응성을 요구하는 조직에서 일하고 있다면, 혜선 씨가 가진 성격으로 인한 비순응적인 행동 때문에 직장 상사와 갈등을 초래할 가능성이 매우 크다.

직장 상사는 성과에 큰 영향을 미치는 변수이기에 무시할 수 없다. 만약, 혜선 씨가 다른 조직, 즉 낮은 순응성을 문제 삼지 않는 곳으로 이직하지 않는다면, 낮은 순응성이 단점으로 작용하는 상황에 대한 관리가 필요하다.

이 경우 상사의 권위에 도전한다면 상사 자체가 큰 스트레스 요인이 될 수 있으므로 본인이 생각하는 '권위'에 대한 정의를 다시 내리는 작업이 관리에 도움이 된다. 내가 과하게 반응한다는 건 평균 이상으로 반응하고 있다는 것을 의미한다. 그리고 나의 반응에 포함되는 감정이 내포한 단서를 찾자.

내가 권위에 어떤 감정을 갖고 있는지. 그리고 과거의 어떤 인물들이 현재의 감정에 영향을 미치는지 탐색하는 시간을 가져보자. 만약 상사의 권위에 도전하고자 하는 현재의 감정에 과거 누군가에 대한 반발심이 섞여 있다면, 과거의 경험과 현재의 상황을 구분하자. 그렇게 분별력을 갖고 나의 단점을 관리해 나간다면 비순응적인 성격 특성이 조금 순화될 수 있다. 이렇게 단점은 개인이 처한 상황에 맞게 내면을 들여다본다면 관리가 가능하다.

나의 강점도 단점이 될 수 있다

준성 씨의 경우는 자신이 타고난 강점과 단점을 상황에 맞게 잘 조절하고 있었다. 리더 역할은 싫어하는 준성 씨는, 자신의 성격 특성을 파악하고 일찍이 관리자보다는 전문가가 되기 위한 진로를 설정했다.

높은 독립성과 높은 사고능력, 높은 학습 지향성 등의 강점을 활용하여 독자적으로 전문성을 발휘할 수 있는 영역에서 편안함 마음으로 성과를 이뤄나간 것이었다.

만약에 준성 씨에게 리더라는 관리자 역할이 맡겨졌다면 심각한 단점이 나타날 수 있었으나, 전문가로 일한다면 낮은 리더십이 단점이 되거나 발목을 잡을 가능성이 낮아진다. 이처럼 개인의 성격 특성에 따라 맞춤형 관리 전략을 만든다면, 즉 개인의 성격 특성에 적합한 업무 환경을 주도적으로 만들어간다면 단점이 발목을 잡지 않고, 강점을 발휘하며 일하는 것이 가능하게 되는 것이다.

강점도 단점도 하나의 성격 특성이다. 강점 검사에서 대표 강점 리스트가 무엇이 나왔다고 해서 그것을 가지지 못한 사람보다 우월하다고 판단할 수 없다. 내가 가진 특성이 상황에 따라 단점으로 작용하는지 혹은 강점으로 발현되고 있는지 인식하는 능력을 기르는 것이 중요한 이유다. 아무리 강점이 있더라도 그 특성을 어떻게 활용할지 모른다면 어차피 현실의 삶에 도움이 되지 않는다.

단점도 마찬가지다. 나 자신을 객관적으로 바라봤을 때 지금 처한 상황에서 이러한 단점이 어떻게 작용하고 있는지를 알아차린다면, 그 단점을 어떻게 보완하여 발목을 잡게 하지 않을지 전략이 나온다. 이 지점에 집중한다면 나의 단점은 더 이상 단점이 아닌, 그저 하나의 성격 특성이 된다. 삶에 방해가 되지 않는 단점은 굳이 찾고 극복하지 않아도 된다.

4
지쳤다는 것이 죄는 아니다

모든 사람은 저 나름대로 힘들다

겉보기에 우아한 백조가 물밑에선 발을 파닥거리며 애를 쓰고 있다는 사실을 모두가 알고 있음에도, 많은 사람들이 여전히 백조의 겉모습을 부러워하며 쫓아가려 한다.

이를테면, 일도 잘하고 가정도 잘 챙기며, 자기관리까지 완벽한 히어로 같은 사람들은 지치지도 않아 보이고, 초인적인 능력을 보유한 것처럼 보인다. 한 마디로 잘나 보인다. 모든 걸 다 가진 것만 같다. 히어로 역할을 도맡은 사람 중에 실제로 능력자도 많다.

하지만 그들에게도 없는 것이 있다. 그것은 바로 '적당히 하기'다. 그들은 '적당히 할 바엔 하지 않겠다'고 생각하며 최선과 완벽이라는 이상을 향해 달리고 또 달린다. 이들 중에는 슈퍼우먼이나 슈퍼맨 되기를 내려놓는 것이 세상에서 제일 어려운 것이라 느끼는 사람들도 많다. 슈퍼맨과 슈퍼우먼은 현재 알파맨과 알파우먼으로 불리면서 진화 중이다.

그들이 지치지 않는 이유

자기도 모르게 슈퍼우먼 역할을 맡고 있는 유이 씨의 경우도 놀라운 사례였다. 객관적인 사건들만 봐도 어떻게 인간이 그렇게까지 할 수가 있나 싶다.

그녀의 24시간은 빈틈이 없어 보였다. 일이며 살림을 도맡으며 아이를 키우는 것도 모자라, 대학원 진학까지 준비 중이다. '아무리 철의 여인이라 한들 코로나19 백신을 맞은 직후엔 좀 힘들겠지?'하고 걱정되어 안부를 물었더니 유이 씨는 웃으며 이렇게 말했다.

"전 아무렇지도 않아요! 저는 백신 부작용도 없나 봐요."

그런데 어느 날 유이 씨가 찾아와 이렇게 말했다.

"사실 힘든 게 생겼어요. 며칠 전부터 갑자기 숨이 잘 안 쉬어지는 거예요. 뭔지 모르게 무섭고요. 예전엔 가끔가다 한 번씩 그랬는데 요즘은 거의 매일 느껴요. 이러다 보니 이젠 제가 다 잘해낼 수 있을지 두려워요."

유이 씨는 마음속 깊이 숨겨두었던 두려움을 꺼내기 시작했다. 지치지 않는 게 아니라, 지치면 안 된다고 생각하며 몰아붙인 자기 자신을 바라보게 된 것이었다. 그리고는 한참을 울었다. 지쳐 있는 자신을 마주 보면 미안한 마음이 든다고 했다.

영화 속에서 하늘을 날아다니는 슈퍼맨은 초인이다. 현실에는 하늘을 나는 슈퍼맨이 없다. 슈퍼맨과 슈퍼우먼처럼 보일지라도 실은 사람이니까 에너지를 쓰면 쓴 만큼 충전해야 한다. 그들이 지치지 않아 보이는 것은 사실 착각이다. 그들은 지치지 않는 것처럼 보이기 위해 애쓰거나, 스스로도 속고 있는 중이다. 그들도 사람이니까 지치는 게 당연하다.

그들이 히어로 캐릭터를 맡게 된 데에는 항상 사정이 있다. 슈퍼맨이나 슈퍼우먼이 되지 않으면 큰일 나는 이유가 참으로 많다. 예를 들어, '서툰 모습은 죄다', '정확하지 않으면 안 된다', '실수하면 절대 안 된다', '얼굴에 피곤함이 드러나면 절대 안 된다'와 같이 그들은 완벽하지 않은 모습을 용납할 수 없다. 절대로 있어서는 안 될 일을 모조리 피하기 위해 애쓰다 보니 결과적으로 슈퍼맨과 슈퍼우먼처럼 되어 버린 것이다.

나는 슈퍼우먼처럼 사느라 애쓰고 있는 유이 씨에게 물었다.

"어떤 부분에서는 완벽함이 필요하지만, 나의 전부가 완벽해야 할까요? 그것이 가능한 일일까요?"

유이 씨는 자기 자신을 위해 완벽함을 추구한다고 생각했지만, 어느새 완벽함 자체가 목적이 되어버린 듯 보였다. 방향을 잃어버린 것이다. 그녀는 자신을 돌아보는 시간을 갖기로 했다.

'꼭 그 완벽함이 내 인생에 필요한 것일까? 나는 누구를 위해 슈퍼우먼이 되려 했던 것일까?' 그 고민의 끝에 내린 결정은, 자신에게 조금 덜 엄격해 보기로 한 것이었다.

어떤 일을 망치더라도 좌절하기보다는 '뭐든 그렇게 다 잘 안 해도 돼. 다음 번에는 한 번 더 꼼꼼하게 따져보면 돼. 망한 것도, 끝난 것도 아니야'라고 생각해 보기로 한 것이었다.

살면서 자기에게 단 한 번도 해주지 못했던 너그러운 말을 해주어야, 나의 뇌도 새로운 것, 즉 '너그러움'을 학습할 수 있다. 지금껏 슈퍼맨이나 슈퍼우먼이 되어야 한다고 자신을 엄격하게 몰아붙였다면, 이젠 다른 모드로 말을 걸어 보자. 조금 더 친절하게, 조금만 더 다정하게.

'서툰 모습이 나타날 수도 있지. 어떻게 언제 어디서든 완벽할 수가 있겠어. 실수해도 괜찮으니 일단 한번 해보는 거야. 늘 정확할 수도 없고, 피곤하면 티를 내도 돼. 늘 강인한 사람으로 모든 것을 잘해내야만 사람들이 좋아해 주는 건 아니야.'

완벽하지 못한 모습은 사람들에게 수용 받지도, 사랑받지도 못할 것이란 두려움과도 마주해 보자. 두려움 또한 내 마음이다. 부정해서 해결될 일은 아니다.

잠시 멈춤의 중요성

슈퍼맨과 슈퍼우먼은 이 세상에 없다. 유이 씨도 어렴풋이 알고 있었다. 오늘 하루 동안도 '내가 또 슈퍼우먼이 되려고 했구나…'하고 멈칫했던 순간도 있었을 것이다. '내가 애만 보고 있어도 되나? 일해야 하는데…'하며 자신을 다그치며 두려움을 품었던 순간도 있었을 것이다.

그런 순간마다 그녀가 '잠시 멈춤' 버튼을 눌러주었길 바라본다. 오랜 시간 이 세상에 존재하지 않는 슈퍼우먼이 되기 위해 달리는 것이 습관이 되어 관성적으로 달리려는 자기 자신을 발견하는 순간 멈추기를. 그리고 잠시 그렇게 애쓰는 자신을 따듯한 시선으로 바라봐 주기를. 그렇게까지 하지 않아도 이미 최선을 다하고 있다고, 앞으로도 그럴 거라고 자신에게 말 한마디 건네주길 바란다. 그렇게 얘기해 주다 보면 자신에게 관대한 시선 또한 그녀의 보통날이 되어갈 테니.

5

쉬고 싶다면 열심히 했다는 뜻이다

의욕의 상실, 번아웃

마음은 몸에게 신호를 보낸다. 지금 괜찮지 않은 내 마음을 좀 봐달라고 몸의 고통으로 말을 대신하는 것이다. 그러나 마음의 신호를 못 듣는 사람 중에 몸의 신호까지 잘 못 듣는 사람들이 있다. 몸과 마음의 연결이 끊겨버린 사람들. 그저 '조금 피곤한가 보다', '내가 뭘 했다고 피곤하담?' 하며 넘어가 버린다. 그렇게 축적된 스트레스는 만성 피로가 된다.

피곤하면 쉬는 게 자연스러운 일이다. 하지만 사람들은 마음 편히 쉬지도 못한다. 왠지 일찍 자면 억울한 마음이 든다. 온종일 회사 일 하느라 나를 위한 시간이 없었으니,

퇴근 후에라도 놀고 싶다. 누워서 웹툰이나 유튜브를 보다 보면 새벽이 온다. 내일이 안 왔으면 좋겠다. 출근하기 싫다. 아무것도 하기 싫다.

이렇게 살다 보니 점점 의욕도 사라지며, 이유 없는 짜증이 많아진다. 잘하던 일에도 점점 한계가 느껴지며, 재밌던 일도 재미가 없어진다. 회사가 싫어지는 것을 넘어서 점점 주변 사람들도, 세상에 대한 시각까지 냉소적으로 변해간다. 싫은 마음이 삶의 곳곳으로 번지는 것이다. 그렇게 사람들에게, 세상에게, 그리고 나에게 실망감이 쌓여가며 우울해진다. 더 이상 아무것도 할 수 없을 것 같다. 몸과 마음의 번아웃이 온 것이다. 일도 삶도 다 무너져버린 느낌으로.

피곤해도 쉬지 못하는 사람들

번아웃의 정의는 학자별로 다양한데 주로 의욕적으로 일에 몰두하던 사람이 극도의 신체·정신적 피로감을 호소하며 무기력해지는 현상으로 설명한다. 인간 존재의 본질을 탐구하는 실존주의 철학에 뿌리를 두는 상담이론에서는, 번아웃이란 의미를 상실함으로써 발생하는 하나의 질병으로 본다.

내가 전처럼 의욕이 없고, 이유 없이 우울하거나 슬프다면 내가 너무 지쳐 번아웃이 온 것은 아닌지 살펴볼 타이밍이다. 매일 매일이 피곤하다는 은희 씨는 번아웃으로 모든 의욕을 상실했다고 말했다.

"주변 사람들은 몰라요. 제가 이렇게까지 스트레스를 받으며 살고 있는지. 사람들은 다 제가 괜찮은 줄 알아요. 괜찮은 것을 넘어서 아주 잘 살고 있다고 생각하기도 해요. 가끔은 뛰어내리고 싶다는 충동을 제어하기 어려워하는 것도, 더 살아가기가 힘들다고 삶을 포기하고 싶은 충동을 느낀다는 것도 꿈에도 모를 거예요. 그 누구에게도 그런 모습을 보여준 적이 없으니까요. 정말 가까운 내 가족에게조차 괜찮은 모습만 보여주고 사는 게 당연했어요."

딱 보기에도 기운이 없어 보이는 표정인 은희 씨는 아무것도 할 에너지가 없이 소진된 상태였다. 몇 개월째 집과 회사만 쳇바퀴처럼 꾸역꾸역 다니고 있었다.

"너무 피곤해요. 아무것도 하기가 싫어요. 회사도 가기 싫고 밥 먹는 것도 귀찮고 노는 것도 귀찮고 가만히 있고 싶어요. 그런데 정작 퇴근 후에도 가만히 있질 않아요. 집안일은 왜 해도 해도 끝이 없는 건지…. 가만히 있으면 더 스트레스를 받아요. 몸은 피곤한데 바닥도 닦아야 하고 설거지도 해야 하고 빨래도 해야 하고 미뤄둔 방충망 수리도 해야 하고 분리수거도 해야 하고 화장실 청소도 해야 하고…."

해야 할 일이 끝이 없어서 힘든 은희 씨는 '해야 한다'고 생각하는 일을 하느라 자신을 괴롭히고 있었다.

회사에서 일할 때뿐만 아니라, 집에서 혼자 있을 때도 스스로에게 집안일을 해야 한다고 명령했으며, 친구들을 만날 때조차 그들이 원하는 것을 해주느라 점점 더 소진되고 있었다.

은희 씨는 사람들이 모든 것을 자신이 해주길 원하는 것 같다고 말했다. 자신의 친절이 익숙해진 그들은 한밤중에도 힘들면 은희 씨에게 전화했고, 은희 씨는 몇 시간씩 그들에게 고민 상담을 해줬다. 안 그래도 지쳐서 힘든 그녀는 전화를 끊지도 못했다. 결국 은희 씨는 아무도 안 보고 살고 싶다는 생각마저 들었다고 했다. 피곤해도 쉬지 못하는 은희 씨는 도대체 어떻게 해야 온전히 쉴 수 있을까?

해야 한다는 강박은 두려움에서 출발한다

해야 한다고 생각하는 것을 하느라 지친 사람들의 말을 들어보면, 마음속 깊은 곳에 두려움이 자리 잡고 있다. 해야 한다고 생각하는 것을 안 했을 때 벌어질 최악의 상황이 촘촘하게 설계되어 있는 것이다. 은희 씨의 경우에도 '집안

일을 하지 않는다면', '친구의 이야기를 들어주지 않는다면' 등 '어떠한 것을 하지 않는다면' 큰일이 날 거라고 생각하며, 싫어도 해야 하는 것을 하느라 고갈되고 있었다.

객관적으로 생각해 보면 집안 청소를 하루쯤 안 해도 큰일이 나지 않고, 친구의 얘기를 적당히 들어준다고 해서 인간관계가 끝장나는 것도 아니지만, 그렇게 하지 않으면 큰일 날 것 같다는 불안감이 그것을 끊어내는 일을 주저하게 만든다.

집안일조차 하지 않는 내 인생은 엉망으로 망가질 것만 같고, 힘든 친구의 이야기를 들어주지 않아 친구의 미움을 사게 될 것만 같다면, 아무리 피곤하고 힘들어도 나를 쉬게 할 수 없을 것이다. 쉬기 위해서 너무나 큰 두려움을 감수해야 하기 때문이다.

지금 은희 씨에게 필요한 것은 마음속 두려움의 정체를 탐색하는 것이다. 그것이 발목을 잡고 계속해서 그녀를 넘어뜨리고 있기 때문이다. 나의 두려움은 어디서 왔는지 그 두려움은 어떻게 생겼는지 알아본다면, 해야 하는 일에 발목 잡혀 살고 싶은 삶을 포기하는 일은 줄어든다. 그 다음에 우리는 비로소 제대로 쉴 수 있다.

내 안의 나에게 말을 걸기

사실 한국에 이토록 피로한 사람이 많은 한 가지 이유는 피로함이 만들어진 근본적 원인, 즉 '경쟁을 부추기는 분위기'가 존재하기 때문이다.

아무리 피곤해도 쉬지 못하는 사람들은 우선 경쟁 프레임으로부터 벗어나야 한다. 자신을 누군가와 자동적으로 비교하고 있다면 재빨리 멈춤 버튼을 누르자. 경쟁 프레임 안에 내 인식을 가둬두면 영원히 쉴 수 없을 것이다. 자신을 지키기 위해선 그곳에서 나오는 수밖에 없다.

'나만 빼고 모두 열심히 사는 것 같아', '나는 절대로 쉬면 안 돼'라고 자학하며 쉬지 못하는 나의 삶을 내가 직접 바꿔주자. 사람들은 모든 것이 개인의 책임과 의무가 아님에도, 개인이 스스로 모든 것을 잘 해내야 하는 것은 아닌데도, 자기 스스로 짐을 짊어지려 한다. 이런 구조 안에서 개인은 지칠 수밖에 없다.

우리가 개인으로서 할 수 있는 것은, 그 구조를 이해하고 내가 그 안에서 어떻게 묶여 있는지를 파악해서 그 구조 밖으로 나올 방법을 찾는 것이다. 성인이 된 우리에겐 그럴 힘과 자유가 있다. 내 안의 자유를 꺼내 쓸 수 있는 사람은 오롯이 나 자신밖에 없다.

이 지점에서 우리가 할 수 있는 일이 있다. 계속해서 달리라고 나를 채찍질하는 목소리 이외에, 나의 안위를 진정으로 바라는 목소리에게 말을 걸어보는 것이다. 아직 이 둘이 제대로 만나보지 못할 정도로 채찍질 역할을 하는 존재가 컸다면, 이제는 이 둘을 만나게 해주자.

지금까지 없는 듯 살아왔을 나를 돌보고 싶어 하는 그 존재가 세상에 나올 수 있으려면, 내가 그 존재를 알아주는 것이 먼저다. 내가 진정 원하는 삶은 무엇이냐고, 얘기해도 된다고. 한 번 묻고 포기하지 말고 대답해줄 때까지 물어보는 연습을 해본다면 그 존재는 이야기를 시작한다. 진짜로 원하는 것을 말해준다. 그럼 그 이야기대로 나를 허용해보자. 그 이야기를 들어줘도 괜찮다는 것을, 큰일이 나지 않는다는 것을 몸소 느껴보자. 남들처럼 살지 않기로 내가 선택할 수 있다는 것을, 그들의 인생은 그들의 인생, 내 인생은 나의 인생이라는 것을 나 스스로가 온전히 체험해보자.

그렇게 내 안의 다양한 목소리끼리 만나게 해주는 것이 나를 조절하는 길이며, 궁극적으로는 필요할 때 필요한 의욕을 발휘할 수 있는 내가 될 것이다.

6
집중력이 없는 게 아니라 불안한 것이다

집중이 어려운 사람들은 더 불행하다

시작한 지 몇 분도 지나지 않아 생각이 딴 곳에 가버린다면, 뭘 하나 진득하게 집중해서 끝내는 게 어렵다면, '나는 왜 이렇게 산만하지?'하며 고민하게 될 수밖에 없다.

요즘은 '성인ADHD(주의력결핍 과잉행동장애)'라는 개념이 널리 알려지면서 다양한 사례가 책이나 유튜브 영상을 통해 공유되고 있다. 한때는 아이들만 진단받는다고 여겨지던 ADHD가 성인들에게도 중요한 이슈가 되고 있는 것이다. 정신건강의학과에 가서 검사를 받아보는 사람들도 늘어나고 있으며, 검사상으로는 진단기준에 부합하는 경우도 많다.

그런데 진단상으로는 ADHD가 아닌데도 일이나 공부에 집중하기 어려운 사람들이 많다. 즉, 약을 먹거나 치료를 받아야 할 정도로 심각하진 않더라도, 본인이 생각하기에 나의 일상, 특히 업무에 지장이 있다고 느낀다면 한 번쯤 나의 '주의'가 어디에 가 있는지 분석해 볼 필요가 있는 것이다.

2010년 하버드 대학에서 작성한 보고서 '방황하는 마음은 불행한 마음이다(A Wandering Mind Is an Unhappy Mind)'에서도 현재 할 일에 대한 생각에서 벗어나 다른 생각으로 방황할 때 불행감을 현저하게 더 느끼는 경향성이 있다는 것이 확인되었다. '지금, 여기'에 대한 집중은 우리의 행복감을 예측하는 중요한 요인이기에 우리의 주의력이 어떤 상태인지를 알아보는 것은 의미 있는 일이다.

잡생각은 불안의 척도다

마음의 방황은 현재에 집중하기 어렵게 만든다. '이 나이 먹고 왜 이거 밖에 이룬 게 없지?'라고 생각하며 본인이 세월을 낭비하고 있는 것 같다는 민수 씨는 불안하다고 했다. 그런데 민수 씨의 삶을 현실적으로 검증해 보면 이룬 것이 분명히 존재했다. 애써 모은 돈도 통장에 쌓여 있고, 업무도 적응해서 웬만한 것은 알아서 할 줄 아는 경력도 쌓였다.

하는 것도 많다. 남들 다 한다는 부동산 공부도 시작했고, 주식도 몇 개 사놨다. 그런데도 민수 씨는 밤낮으로 잡생각이 가득하다. 불면도 달고 산다. 사회초년생 땐 이것저것 배워야 할 것 같고 배워 두면 일에도 도움이 될 것 같아 공부도 많이 했었는데, 요 몇 년간은 등록만 해놓고 수강비를 날려버리는 일이 많아졌다. 돈도 에너지도 다 어디론가 분산되어 제대로 되는 게 없는 느낌이다.

행동은 하지 않은 채 고민만 하는 시간은 세월의 낭비가 맞다. 민수 씨의 불안이 괜히 생긴 것이 아니다. 뭔가 잘못되고 있는 것이다. 이런 상황에서 본인이 성취한 것은 보지 않고, 가지지 못한 것만 보는 행동은 불안을 증폭시킨다.

실제로 많은 사람들이 민수 씨처럼 여러 가지 노력을 하면서도 불안해하고 잡생각으로 잠 못 이룬다. 남들에게 뒤처지지 않기 위해선 알아야 할 것이 너무나도 많은 것 같고, 그러한 불안감은 그들의 발목을 붙들고 놓지 않는다.

남들도 다 듣는 것 같은 수업은 나도 들어야 할 것 같다. 각종 경제 관련 클래스부터 새벽 4시에 일어나기 등 습관 챌린지까지. 왜 해야 하는지는 잘 모르겠지만 하면 좋을 것 같은 것들의 수강권만 끊고 실제 수강목표를 달성하는 사람들은 1/3도 안 된다. 자기계발을 하고 있는 것 같은 '느낌'

을 수강권을 통해 구매한다. 실제로 계발이 되는가의 여부는 중요치 않다. 회사에서 일할 시간에 딴생각을 하면서 정작 해야 할 일은 뒷전으로 밀려난 지 오래다. 불안해서 하는 모든 행동이 불안을 더욱 재생산해 낸다.

하기 싫은 마음부터 공감하기

집중이 안 될 땐 우선 멈추어 보자. 그리고 내 마음을 들여다보자. 분명 그 안에는 무언가를 하고 싶은 마음도, 지금 붙잡고 있는 일을 하기 싫은 마음도 존재할 것이다. 우선 내 마음의 조각부터 하나씩 공감하자. 그러면 조금 진정이 될 것이다. 눕고 싶다면 눕고, 빵 한 조각 먹고 싶다면 먹는다. 조금 멀리 나가서 새로운 것을 보는 게 좋겠다면, 봐 두었던 예쁜 카페에 나를 데리고 간다.

그리고 다시 내 마음에게 물어본다. 누가 시켜서 하는 공부에는 집중이 안 되는 것처럼, 회사에서도 내가 납득하지 못하는 일을 해야 한다고 생각한다면 하기 싫어지는 것이 당연하다는 것도 상기하자. 내가 분명 이것을 하기 싫어서 안 하고 있지만, 왠지 해야 할 것 같아서 불안한 마음으로 걱정만 반복하고 있다면 나에게 필요한 건 걱정이 아니라 진정이다. 이 와중에 집중력 떨어지는 못난 사람으로 나를 규정짓는다면 그것은 안 그래도 방황하느라 힘든 나를 더 괴롭히는 일이라는 것도 기억하자.

그다음엔 '이 일을 하기 싫지만 할 것인가'에 대해 진지하게 생각해 볼 차례다. 안 해도 되는 일은 안 하면 된다. 하기로 결정했다면, 이 일을 했을 때 나에게 어떤 이득이 돌아오는지 생각해 본다. 동기가 생길만한 일인지, 그 이득이 돌아왔을 때의 결과물을 생각해 보자.

충분히 나에게 보상이 될 일이라는 지점까지 생각이 미친다면, 이제는 생각은 그만둘 타이밍이다. 집중이 안 될 때 다른 사람들을 보며 딴생각을 하다가 걱정의 늪으로 빠지는 것보다 훨씬 더 효율적인 접근이다. 할까 말까 고민하고, 하기도 전에 걱정하고, 미루는 자신을 탓하거나, 회피하기 위해 딴짓을 하면서도 나의 무의식은 그것을 생각하느라 정신이 없다. 집중하지 않는 순간에도 에너지 배터리는 줄어들고 있다. 방황하기보다는 차라리 직면해서 문제를 해결하자. 어차피 방황한다고 마음이 편하지도 않다.

방황을 종결하고 싶다면 내 마음과 대화하자. 지금 방황하고 있는 내 마음이 얼마나 불행한지 알아챈다면, 내가 원하는 것을 알 수 있을 것이다.

결국 내 마음을 가장 잘 아는 건 나 자신이다. 지금 이 순간에도 방황하는 자신을 자책하고 있다면 이렇게 말해 주고 싶다. 당신이 방황하고 있다면 그럴만한 이유가 분명히 있다고. 그것을 찾기 위한 시간을 내어볼 타이밍이라고. 주어진 것을 열심히 했기 때문에 방황도 할 수 있을 거라고. 방황조차 가치 있다고 말이다.

당신의 마음은 지금 어디를 떠돌고 있을까? 그리고 그 마음은 무엇을 원하고 있을까. 그리고 그것을 줄 수 있는 현실적인 방법은 무엇일까. 이를 스스로에게 묻고 대답해보자.

7
잠시 쉬어간다고 뒤처지지 않는다

모든 건 다 못난 내 탓

남에게는 한없이 관대하면서 자신에게는 유독 엄격하다면 삶이 편안하기 어렵다. 이것은 나를 몰아붙이는 자기학대로 이어질 수 있기 때문이다. 빛나고 싶고 잘되고 싶은 마음이 나를 통제한다. 때로는 가혹하다. 그런데 멈출 수 없다. 다른 길이 없다고 생각하기 때문이다.

그런데 정말 대안이 없을까? 자기착취에 익숙해진 사람들은 불안이라는 감정을 연료로 움직인다. 이미 지쳐 있지만 지쳐 있는 나를 용납할 수도 없다. 열심히 최선을 다하는 것만이 답이라고 믿으니까 채찍질을 하며 계속해서 달릴 수밖에 없다. 멈추면 큰일 난다고 믿는다. 힘들다고 말하는 나를 부정하고 결론을 내려버린다.

'다른 사람들은 다 멀쩡하게 달리고 있는데?'

'남들은 나보다 더 빨리 달리고 있어! 무슨 일이 있어도 절대 멈추지 마!'

자기착취의 끝은 불안의 폭발

자기착취만이 답인 듯한 일터의 모습을 생생하게 그린 드라마 〈검색어를 입력하세요: WWW〉에서는 주인공 타미가 회식 후 집으로 돌아가는 택시에서 팀원에게 이렇게 얘기한다.

"새벽 1시인데 차들이 참 많지 않니? 저런 게 위로가 될 때가 있어. 나만 이 시간에 깨어 있는 건 아니구나, 나만 치열한 건 아니구나, 나만 힘든 건 아니구나, 저 사람들도 나 보면서 그렇겠지? (피식 웃으며) 서로의 학대로 위로를 받네, 이 도시는."

타미는 자신이 몸담고 있는 일터가 자기착취의 현장임을 인지하면서도 그 길을 갈 수밖에 없는 자신을 씁쓸해한다. 그리고 자기와 비슷한 길을 갈 것 같은 후배 팀원도 안쓰럽게 느낀다. 하지만 다른 방법이 없다. 여기서 살아남으려면 이 방법뿐이다. 그렇게 믿으며 멈추지 않는다.

드라마 속 이야기이기에 자기착취조차도 아름답게 그려진다. 자기착취의 결과는 축배다. 드라마 속 타미는 결국 원하던 성과를 달성하고 축배를 들며 일도 사랑도 완벽하게 쟁취하는 결말로 우리의 판타지를 충족해 준다.

그런데 현실은 판타지가 아니다. 우리가 기억할 것이 바로 이 지점이다. '자기착취라는 대가를 감수한다면 내가 바라는 판타지를 쟁취할 수 있지 않을까?'라는 기대감이 지금의 나를 갉아먹고 있다는 것이다.

내가 계속해서 나를 하대할수록 나의 실제 자기는 아파한다는 것. 내가 그 마음을 알아주지 않고 억누르기를 반복한다면 언젠가는 지쳐 넘어지는 순간이 온다는 것이다. 억압된 감정은 할 수 있는 모든 방법으로 나에게 말을 건다.

'지금처럼 나를 학대한다면 나는 더 이상은 못 버틸지도 몰라!'

감정은 자신의 목소리를 들어주지 않으면, 다양한 신체 반응을 통해 우리에게 말을 건다. 흔하게는 호흡이 가빠져서 숨을 못 쉬는 것 같은 느낌, 이러다 공황이 올 것 같다는 무서운 느낌. 우리가 느끼는 심리적 불안 증세는 모두 자기착취가 불러 일으킨 현실적 결과다.

불안이 우울과 섞일 때

불안의 방치는 위험하다. 불안은 저절로 사라지거나 그대로 가만히 있지 않기 때문이다. 게다가 불안의 친구는 우울이다. 오랫동안 불안한 마음을 억누르고 나를 착취해왔다면, 불안은 어느새 우울감과 섞여 생각마저 혼란스러워진다. 이때도 내 마음을 돌보지 않는다면, 안 그래도 불안하다 지쳐서 우울감이 찾아온 나를 더 몰아붙이게 된다.

'이러면 안 되는데. 내가 너무 나약한가 봐. 나 왜 이렇게 못났지?'

이런 목소리를 들은 나는 더 깊은 우울로 빠진다. 악순환의 수렁으로 들어가는 것이다.

우울하다는 것은 지쳤다는 신호다. 우울할 땐 그 감정을 혼낼 것이 아니라, 우울한 감정을 느끼는 나의 말을 들어주는 것이 필요한 때라는 의미다. 우울한 마음이 하는 말을 내치거나 무시한다면, 우울한 마음은 계속해서 지쳤다고 말할 것이다. '나는 이제부터 우울하지 않아. 나는 다시 밝아질 거야'라고 선언한다고 우울한 마음이 없어지지는 않는다. 그것은 또다시 내가 나를 부정하기로 선택하는 것이다.

내 우울이 어디서 왔고, 나는 어떤 곳으로 가고 싶어 하는지, 그동안 나의 마음이 어디서 얼마나 다쳤는지를 알아보자. 우울할 수밖에 없었던 상황을 깊이 있게 이해하게 되면, 나의 우울한 감정들도 이해받고 힘을 얻을 수 있다. 내가 못나서 우울한 게 아니고, 내가 이상해서 우울한 게 아니고, 이 상태가 영원한 것도 아니라는 것을 나에게 따듯하게 말해 주자. 나는 잠시 길을 잃은 상태다. 멈춤이 필요한 시점이다. 자기착취는 상황을 악화시킬 뿐이다.

자기착취라는 중독행위에서 벗어나라

다시 드라마 〈검색어를 입력하세요: WWW〉로 돌아와서 주인공 타미는 그토록 바랐던 성과를 쟁취한 순간이 노력에 비해 지나치게 짧음을 허무해 한다.

할 수만 있다면 타임머신을 타고 미래에 가, 미래의 자신이 여전히 치열하게 살고 있는지, 어디까지 올라갔는지, 뭘 이룩했는지, 아니면 어느 순간 다 질려 버려서 떠나 버렸는지를 궁금해하며 공허감을 느낀다.

타미가 그동안 노력했던 것들에 대한 보상이 지나치게 짧다는 것을 이야기하는 장면은 우리가 왜 다시 달리게 되는지 설명해 준다. 강렬한 보상은 매우 짧게 주어진다. 그 짧은 순간을 잊지 못하고 다시 바라게 된다. 강렬함은 나의 뇌가 기억한다. 그 강렬함을 또 맛보고 싶다. 자기착취가 중독

행위와 다르지 않음을 설명해 주는 대목이다. 언제 올지 모르지만 언제든지 올 수 있을 것만 같은 그 보상을 향해 행동을 지속한다. 중독이다.

자기착취를 통해 얻는 성취에 중독된 나를 치유하는 것은 쉬운 일은 아니지만 가능한 일이다. 이 치유 과정은 누가 대신해 줄 수도 없고, 약만 먹는다고 한방에 낫는 것도 아니며, 나의 자발적인 동기를 통해 만드는 수밖에 방법이 없다.

중독이 무서운 이유는 나의 뇌가 중독된 그것 외에는 다른 것을 느낄 수 없도록 고착화되어버리기 때문이다.

자기착취라는 한 가지 패턴으로만 사고하는 나로 평생을 살아가는 것은 위험하다. 자기착취 행동의 이면에 어떤 욕구가 자리 잡고 있는지 파고 들어가다 보면, 착취하지 않으면 이상적인 성과를 내지 못할 것 같은 두려운 내가 얕은 숨을 내쉬고 있을 것이다. 그 마음에게 이렇게 말해주자.

'지금까지 나를 착취하면서 얻었던 것이 있는 만큼 잃은 것도 많아. 이젠 다른 방법으로 살아 보자.'

나를 갉아먹느라 숨도 못 쉴 것 같이 불안한 삶이 아닌, 나를 돌보면서도 성취할 수 있는 삶을 살 수 있는 방법. 그러한 과정 또한 내가 만들어갈 수 있다고 말해주자. 새로운 행동을 시도할 용기를 모아가는 멈춤의 시간을 통해서.

4장

사랑에 걸려 넘어진 당신에게

1
용기가 사랑을 빛나게 한다

그것은 썸인가 쌈인가

누군가와 사귀기 직전에 놓인 사람들은 수많은 궁금증을 가슴에 품고, 때로는 설레며 때로는 불안해한다.

'이것이 썸인가?'
'그 사람은 나를 좋아하는 것인가? 찔러만 보는 건가?'
'내가 어장 속 한 마리는 아니겠지?'
'나한테 고백은 하려나? 한다면 언제 하려나?'

불확실함이 커질수록 하루에도 몇십 번씩 그 사람의 미세한 반응에 따라 기분이 널뛴다. 그 사람이 보여주는 0.5초의 다정한 눈빛이나 지나가는 말 한마디에도 '이 사람은 나를 좋아하는 게 확실해!'라며 날아갈 것 같이 기분이 좋아졌다가도, 평소보다 연락이 조금이라도 늦어지면 '이 사람은 나만큼 날 좋아하는 게 아닌가 봐…'라고 생각하며 기분이 다운된다. 밤새 유튜브 영상 속 연애 고수가 전하는 '연애 잘하는 법'을 찾아보지만 현실에서는 영상의 조언대로 따라하기도, 그대로 이루어지기도 어렵다.

'방금 이 말은 날 좋아한다는 신호인가?'라는 생각이 들면 기분이 하늘로 붕 떠올라 입이 귀에 걸린다는 민희 씨는 몇 달 째 지호 씨와 애매한 관계를 이어오고 있는 중이다. 사귀는 건 아닌데 매일, 그것도 거의 하루 종일 연락이 끊기지 않는 사이로 지내고 있다.

'민희야, 일어났어? 나는 일어났어.'
'나 이제 회의 들어갈게~.'
'나 이제 저녁 먹어. 너도 맛있게 먹어.'

며칠 전엔 지호 씨에게서 '나 먼저 잘게~!'라는 굿나잇 메시지까지 받았다. 이 정도면 거진 연인이나 다름없는 사이 아닌가!

민희 씨는 지호도 자신을 하루 종일 의식하는 것 같다고 믿고 싶다. 민희 씨가 올리는 SNS 글을 제일 먼저 읽고 '좋아요'를 누르는 건 지호다. 그러다 지호가 민희 씨의 글을 보지 않는 몇십 분 동안의 공백이 생기면 그때부터 애간장이 타기 시작한다. 요즘엔 그가 자신의 글을 바로 보는지 확인하기 위한 목적으로 SNS 업로드 횟수도 늘리고 있다. 그렇게라도 그 사람의 관심을 확인해야 잠시라도 안도감이 든다. 그리고는 하루에도 수십 번씩 고민한다.

'그냥 내가 먼저 고백해버려?'
'아냐. 혹시 거절당하면 어떡해?'

고백에는 위험 부담이 따른다

민희 씨처럼 고백하지 못하는 데는 상황적인 이유가 분명히 존재하는 경우가 많다.

'나만 사귈 만큼 좋아했던 걸까 봐', '괜히 고백했다 사이가 멀어질까 봐', '아직은 사귀는 걸 부담스러워할까 봐' 등. 그 사람이 나와 같은 마음이라는 확신이 없는 상태에서 고백한다는 것은 거절당할 위험부담을 짊어져야 한다는 의미이기 때문에, 그러한 위험부담을 굳이 만들 필요가 없다는 결론 자체는 합리적인 판단이다.

고백도 못 하는 내가 너무 멍청한 것 같다는 생각까지 가서는 안 된다. 고백을 망설이다 나의 콤플렉스만 확대해서 바라보고, 자신감이 떨어진다면 일단 생각하길 멈추어야 한다.

누군가를 알아가면서 유독 내가 작아지는 걸 느낀다면 사실은 이미 그 사람을 좋아하기 이전부터 갖고 있던 내 안의 콤플렉스가 건드려진 것이다. 그것은 그 사람과의 관계를 진전시키기에 앞서 나 자신에 대해서 생각해 볼 문제다.

단지 내 마음을 '표현'하는 데만 목적이 있는 것이 아니라면, 안될 상황이라고 판단될 때는 그 사람이 내 마음을 받아줄 만한 상황을 만드는 데 집중하는 것이 합리적이다. 고백을 안 하는 나는 이성적인 판단을 하고 있는 것이다. 단, 사람 사이의 관계는 상호작용이기 때문에 내가 노력한다고 해서 그 사람이 무조건 내 마음을 받아줘야 하는 것도 아니다. 노력해도 안 된다면 슬프게도 인연이 거기까지인 것임을 받아들일 순서다.

자연스럽게 가까워질 사이라면 고백과 같은 인위적인 이벤트가 없어도 연인이 될 수 있다. 공식적으로 '이것은 고백이다' 선언하지 않더라도 상대방에게 나의 감정을 표현할 방법은 무궁무진하기 때문이다. 거절당할 용기를 내는 것이 반드시 관계를 진전시키는 노력은 아니다.

시간이 흐를수록 내 마음은 커지는데 상대방의 마음은 확신할 수 없는 상황이 지속된다면, 위험 감수를 할 것인지를 결정해야만 한다.

'고백을 해야 돼, 말아야 돼?'

이렇게 고민하는 상황이 지속되고 있다면, 냉정하게 봤을 때 양쪽 모두 취약성을 감수하고 싶지 않은 것이다. 반대로 서로의 마음을 이미 표현한 상황이라면 고백과 같은 형식적인 절차는 필요하지 않게 된다. 만약 나는 위험 감수를 한 적이 없는데 관계가 진전되었다면 상대방에게 고마워할 일이다. 상대방이 나 대신 위험 감수를 맡은 것이기에.

우리에게 사랑이 중요한 이유

거절당할 위험을 감수하고서라도 획득하고 싶은 것이 사랑이다. 사랑이 인간에게 그토록 중요하고 크게 다가오는 이유에 대한 단서는 우리의 어린 시절에서 찾을 수 있다.

우리가 태어났던 그 순간, 태어나기 전 엄마 뱃속에서 태아로 자라던 그 순간부터 우리는 엄마와의 따듯한 연결을 원했던 존재다. 나의 생존에 절대적인 엄마 혹은 나를 키워

준 주양육자와의 연결감은 '사랑'의 표현으로 확인된다. 즉, '내가 사랑받는구나'라는 느낌을 받고 싶은 욕구는 우리 생애 시작점에서부터 존재했던 마음이며, 심리학에서는 이를 애착(attachment)이라고 부른다.

가장 취약한 존재였을 어린 시절 생존을 위해 필사적으로 바랐던 안전감을 성인이 된 우리는 연인에게 또다시 기대한다. 연인을 통해 얻은 안전감은 이 세상을 나라는 존재로 힘 있게 나아가기 위한 연료가 되어준다. 즉, 연인과의 관계를 통해 획득한 심리적 안전기지(secure base)는 이 낯선 세상을 살아가는 데 있어 필요한 용기를 만들어주는 기능을 한다. 때문에 우리는 위험을 감수하고서라도 연인을 획득하고자 하는 절실한 감정을 품는 것이다.

우리에게 이토록 중요한 사랑을 획득하기 위해서는 다소 위험을 부담할 수밖에 없는 결정을 해야 한다. 단, 충동과 용기를 구분하면서.

'더 이상 끙끙 앓는 것은 못 참아, 고백을 질러버리겠다'라는 마음은 이기적인 충동이다. '나는 나의 마음을 너에게 꺼내 놓는 취약성을 감수하지 않을 것이지만, 너는 너의 마음을 나에게 알려줘. 내가 어떻게 할지는 너의 마음을 보고 나서 결정할게'와 같은 마음 또한 사랑이 아니다. 앞의 경우 둘 다, 상대방을 위하는 마음은 없고 나를 위하는 마음만 존재한다.

'내가 좋아하니까 내가 취약성을 감수하고 고백하겠어. 상대방은 위험 감수를 안 하게 해주어야지' 이러한 태도가 바로, 상대방을 위하는 마음이며 용기다. 동시에 나 자신에게도 솔직한 마음이다. 상대를 사랑한다는 마음이 진심이라면, 위험을 부담하고 내 마음을 고백해 보자. 우리 이제 썸 그만하고 진지하게 사귀어보는 건 어떻겠냐고 말을 건네 보자. 내가 그토록 바랐던 사랑을 얻게 될지도 모르는 일이 아닌가.

2
사랑에도 공부가 필요하다

사랑의 네 가지 유형

서툰 선택이 서툰 사랑을 만든다. 그러니, 매번 사랑할 때마다 힘이 든다면, 사랑의 마지막을 살피기에 앞서 그 사랑의 시작과 과정이 어떠했는지 살펴볼 필요가 있다. 어디가 어떻게 서툰지, 왜 서툰 모양이 나에게 나타나는지 그 이유를 분석해 보는 것이다. 이때 '애착 유형'은 사랑의 모양을 결정짓는 하나의 커다란 단서가 된다.

심리학에서 애착이란, 어린 시절 주양육자와의 관계 패턴으로부터 형성되는 정서적인 관계를 말한다. 과거에 형성된 애착은 성인이 된 후 맺게 되는 연인관계에 그대로 이어지는 경우가 많아, 사랑의 모양을 결정하는 데 큰 영향을 끼친다. 어떤 애착을 지녔는지에 따라 서툰 사랑을 만들기도, 성숙한 사랑을 만들기도 하는 것이다.

이러한 애착은 네 가지 유형으로 나뉜다. '안정형 애착', '불안형 애착', '회피형 애착', 그리고 불안과 회피가 섞인 '복합형 애착'이다.

안정형 애착을 지닌 이들은 상대방과의 상호작용에 능하다. 물 흐르듯 자연스럽게 가까워질 수 있다. 자신의 흐트러진 모습도, 약점도 아픔도 자연스럽게 보여줄 수 있으며, 상대방의 약점도 수용할 수 있다. 불필요한 의심이나 분석은 하지 않는다. 관계가 걱정될 땐 상대방에게 허심탄회하게 물어볼 수 있으며, 혼자서 상대방이나 관계를 단정 짓지 않는다. 이들은 연인과의 친밀감을 편안하게 받아들인다.

불안형 애착인 사람들은 자신이 가진 '불안 렌즈'로 상대방을 바라본다. '연락이 늦는 건 나 몰래 다른 사람을 만나는 것 때문이 아닐까?', '날 보는 눈빛이 예전 같지 않은 걸 보니 나에게 마음이 식은 게 분명해', '혹시 나 말고 또 다른 사람이 있는 거 아닌가? 몰래 핸드폰을 볼까?' 연애하는 내내 불안한 마음으로 상대방의 일거수일투족을 분석하느라 자기 삶을 뒷전으로 밀어둔다. 이들은 연인과의 친밀감을 갈망하고, 연인관계에 지나치게 몰두한다. 자신이 연인을 사랑하는 만큼 연인 역시 자신을 사랑해줄 수 있을지에 대해 걱정하느라 지나치게 에너지를 쏟는다.

회피형 애착 유형의 사람들은 독립성과 자유를 중요시한다. 그래서 상대방이 지나치게 가까이 다가온다고 느끼면 멀어지려고 한다. 불편감과 거부감을 느끼고, 자신에 대해 더 이상 알려주지 않으려 한다. '끝내야 하나?', '권태기인가?'하는 생각도 자주 든다. 이들이 연인과의 친밀감을 줄이려고 하는 이유는, 친밀감이 높아지면 자신의 독립성이 줄어든다고 여기는 탓이다. 친밀감의 욕구가 없는 건 아니나, 그 욕구를 적극적으로 억압하는 데 익숙하다.

복합형 애착을 가진 사람들은 불안형과 회피형의 특성을 모두 지녔다. 상대에 대해 의심하고 걱정하다가도(불안형의 특성), 상대방이 가까워지려고 하면 그와 멀어지고 싶어 한다(회피형의 특성). 누군가와 지나치게 가까워지면 이들의 마음에는 상대방의 단점이 보이는 등 친밀감 쌓기를 방해하는 애착 체계가 활성화된다. 연인과의 친밀감을 갈망하다가도 거부한다. 끌어당김과 밀어냄을 동시에 오간다. 본인도 상대방도 혼란스럽다.

종합해 보면, 사람 간의 친밀감을 편안하게 받아들이고 불필요한 의심을 하지 않는 안정형 애착 유형을 가진 사람들이 가장 안정적이고 성숙한 사랑을 하기 쉽다. 그러나, 심리학 연구에 따르면, 안정형 애착을 지닌 사람은 전세계의 50%도 되지 않는다. 많아 봐야 60% 정도로 보인다. 두 명 중에 한 명은 불안하거나 친밀감을 불편해하면서 사랑을 하고 있다는 것이다. 나 또한 그중 하나였다.

가까우면 두렵고 멀어지면 외롭다

불안형의 아빠와 회피형의 엄마를 보고 자란 나는, 인구의 5% 정도만 해당될 정도로 희귀하다는 복합형(불안형+회피형) 애착이었다. 20대 내내 복합형의 렌즈로 연애 상대를 바라봤다. 세상에 안정형의 사람이 존재한다는 것은 상상조차 못 했다. 안정형의 사람들이 나에게 잘해주거나 다가오면 지루하고 재미없다고 느꼈다. 적극적으로 밀어내고 거절했다. 따뜻하고 다정다감한 사람은 왠지 모르게 부담스러웠다. '나에게 왜 이렇게 잘해주지?'하는 의심이 들고, 나에게 잘해줄 이유가 없는데 잘해주는 것 같은 느낌이 들었다. 익숙한 나의 애착 유형인 복합형과 거리가 먼 안정형에 이질감이 들었던 것이다. 낯선 것은 나의 뇌가 자동적으로 거부했다. 익숙한 걸 택하도록 말이다.

불안형과 회피형이 섞인 복합형인 나는, 내게 혼란을 일으키는 사람들(불안형이나 회피형)을 만나면 그것이 사랑이라고 느꼈다. 익숙했기 때문에 마음도 반가워하며 금세 열려버렸다.

사랑한다는 이유로 나에게 집착하고 구속하는 불안형을 만나면, '이 사람이 진짜 나를 사랑해서 이러는구나'라고 해석했다. 불안형의 렌즈로 상대방을 바라보던 나는 불안형의 마음이 바로 이해가 되었다. 가까워졌다 싶으면 잠수를 타버리는 회피형을 만날 때면, 나의 회피형 렌즈를 사용했다. 나를 밀어내는 사람을 만날 때마다 내가 더 노력하면 다시 돌아올 거라고 착각하며 몇 년 동안 만남과 이별을 반복했다.

사랑의 모양을 바꾸어 보기

그러나 익숙한 것이 안정감을 가져다 주진 않았다. 익숙한 선택은 오히려 서툰 사랑을 반복하게 했고, 불안과 회피 체계를 강화시켰다. 나는 계속해서 불안형과 회피형, 혹은 복합형을 만나며 불안해하고 밀어내기만 했다. 불안정한 패턴을 반복하다 관계는 끝이 났다.

그렇다면, 불안정한 애착을 지닌 나 같은 사람들은 항상 같은 괴로움을 겪을 수밖에 없는 걸까? 다행히도 아니었다.

심리학을 공부하면 할수록 더 이상 나에게 해가 되는 선택은 그만하고 싶었다. 나도 좀 제대로 사랑해보고 싶었다. 그래서, 다른 선택을 해보기로 했다. 지금까지 익숙해하던 것과는 다른 모양의 사랑을 선택하기로 한 것이다.

그리고 나는 난생처음 안정감을 느꼈다. 그 안정감 속에서 나의 애착 유형은 점점 안정형의 모양을 닮아갔다. 내 곁에서 함께 안정적으로 사랑을 지속해 가자는 사람과 사랑을 연습하며 나를 돌아봤다. 이제는 안정감이, 불안감이나 거부감보다 더 익숙해졌다. 오래된 패턴이 서서히 변화한 것이다.

서툴기만 한 사랑은 이제 그만

몸소 겪은 나의 체험과 더불어, 불안정한 사람도 안정형 애착을 획득할 수 있다는 심리학 연구가 많이 나오고 있다는 반가운 소식이 쌓이고 있다. 물론, 안정형 애착을 획득하기까지는 어린 시절의 애착 유형을 다듬는 데 필요한 수많은 성찰의 시간과 연습이 시간이 필요하긴 하지만. 그럼에도 불구하고, 시간이 갈수록, 조금 덜 서툴고, 조금 더 편안하며, 점점 더 내가 바라는 사랑의 모양을 만들어나갈 수 있다는 소식은 분명 기쁜 일이다.

누군가에게 늘 비슷한 포인트에 끌렸다면, 잠시 멈춰 그 포인트가 상징하는 바가 무엇인지 생각해 보자. 끌리는 포인트는 사람마다 다르다. 바보같이 나만 아는 사람에게 끌리는 사람, 내가 늘 갑이고 굴복하는 연인이 을인 구도에 익숙한 사람, 혹은 그 반대로 늘 을의 연애를 반복하는 사람 등등. 내가 왠지 '이게 사랑이 아닐까?' 느껴지는 것에는 오해석으로 인한 '착각'이 포함되어 있을 가능성을 점검하자. 나의 뇌가 익숙해하는 것이 늘 정답은 아니다.

사랑이 늘 서툴렀다고 느낀다면 다른 모양의 사랑을 해 보자. 우리 중에 사랑에 능숙한 사람이 얼마나 있을까. 사랑은 나의 취약성을 드러내고 상대방의 취약성을 마주하며, 그렇게 서로 부둥켜 안고 싸우기도 하고 깨지기도 하면서 한 걸음씩 성숙을 향해 걸어가는 것이라고 믿는다.

불안한 사랑에 힘들어하던 나에게 말을 건넬 수 있다면 지금 네가 느끼는 불안은 사랑이 아니라고 말해주고 싶다. 나를 힘들게 하는 그 사람은 내 안에 이미 존재하는 불안이라는 감정을 자극하는 한 명의 사람, 즉 상징일 뿐이라고, 그 사람이 건드리는 나의 불안을 잠시 멈춰 바라봐 주면 좋겠다고 말할 것이다.

그리고 조금은 안정적인 사랑을 선택해보는 내가 되길 바란다는 마음을 전할 것이다. 안정적인 사랑은 가능하다고, 세상에는 안정형의 사랑도 있다는 사실을 알려주고 싶다. 익숙했던 파국적인 사랑 모양과는 다른 모양의 사랑을 경험해 보면 좋겠다고 권할 것이다.

3
무례함을 사랑으로 덮지 마라

무례함을 정당화할 때

국어사전에서 '사랑'이란 어떤 사람이나 존재를 몹시 아끼고 귀중히 여기는 마음, 또는 그런 일이라고 정의한다. 연애 중인 사람들이 종종 "내가 이 사람을 사랑하는 건지 잘 모르겠어요"라고 말하는데, 그럴 땐 이 정의를 활용해서 자문자답해 보자. '내가 그 사람을 진심으로 아끼는가? 귀중히 여기는가?'라고 물어보고 대답해 보는 것이다. 만약에 이 질문에 '그렇다'는 대답이 나온다면 하나 더 질문해 보자.

'그렇다면 나는 그 사람을 어떻게 대하고 있는가? 아끼는 마음과 귀중히 여기는 마음이 어떻게 나타나고 있는가?'

많은 사람들이 이 질문에는 선뜻 당당하게 답하지 못한다. 아끼는 사람에게 더 무례해지는 자신을 발견하기 때문이다. 심지어 어떤 경우에는 자신의 무례함을 정당화하기도 한다.

'사랑한다면 내 모든 걸 받아줘야지.'

'사랑은 모든 걸 극복해야지.'

'왜냐하면 사랑은 위대한 거니까.'

이렇게 생각하는 사람들은 나의 무례함을 상대방이 '어디까지 받아줄 것인가?'를 테스트하면서 사랑의 진실성을 확인하려 한다. 내가 아무리 무례하게 굴어도 상대방이 다 참아낸다면 '이 사람은 나를 진짜로 좋아하는구나'하고 잠시 안심한다. 그리고 또 다시 무례함을 범한다. 상대방의 사랑을 인질 삼아 만신창이로 만드는 경우다. 진이 씨의 경우가 그랬다.

상대방을 테스트하는 마음

진이 씨는 회사 사람들이나 친구들과 있을 땐 화가 잘 안 나는데 유독 가족이나 연인과 있을 때는 짜증도 화도 많이 나는 편이다. 진이 씨는 자신이 편하게 생각하는 사람들과 있을 때에만 짜증을 부린다는 사실을 발견했다. 본인이 원래 짜증도 화도 많은 사람이긴 했지만, 문제는 짜증이 나다가 화로 번지면 이성을 놓아버린다는 것이었다. 편한 사람과 있을 때 자신의 짜증을 드러내는 것도 '정도'와 '방식'에 있어서는 조절이 필요한데 말이다. 아무리 나를 사랑하는 연인이더라도, 아무리 그가 편하더라도 인간 대 인간으로서 예의가 필요하다. 그런데 진이 씨는 화가 나면 '아 몰라. 기분이 나쁘니 이성의 끈을 놔 버리자. 될 대로 되겠지' 하는 식으로 행동했다.

'이런 나를 네가 수습해줘야지.'

'네가 나를 사랑하니까 내 감정도 좀 달래 줘야지!'

'내 기분도 네가 책임져 줘야지!'

연인에게 진이 씨는 마치 아기가 엄마에게 막무가내로 조르고 보채며 울고불고 떼쓰는 것처럼 행동했다. 심리학에서는 '퇴행'이라고 부르는 이 방어기제는, 미성숙한 상태에서 무의식적인 실수로 나올 순 있겠지만, 이것이 의식적인 습관이 되도록 방치해서는 안 된다. 이것은 상대방에게 폭력이며, 무례한 행동이기 때문이다. 사랑이라는 이름으로 용서될 여지는 없다.

사랑하는 사람을 함부로 대하는 행동의 이면에는, 사람을 못 믿는 마음, 즉 불신이 자리 잡고 있다. 상대방을 믿지 못해서 온갖 방식으로 테스트하는 것이다.

어찌보면 상대방에게 의존하는 것처럼 보이지만 사실은 그렇지 않다. 상대방에게 나를 맡길 생각은 애당초 없기에, 최악의 상황까지 몰아붙이며 이래도 날 사랑하는지 끊임없이 괴롭히는 것이다. 그리고 만약 지쳐버린 상대방이 나를 떠나겠다고 하면 '역시 네가 그럴 줄 알았어. 내가 옳았어. 믿지 않길 잘했어'라며 '그 누구도 믿을 수 없다'는 자신이 원래부터 갖고 있던 신념을 강화시킨다.

이들은 보고 싶은 것만 보고, 믿고 싶은 것만 믿으며 고립된 상황에 빠진다. 자신의 신념에 일치하지 않는 정보는 아무리 객관적인 정보라도 처리하지 않거나 왜곡한다. 진이 씨처럼 계속해서 사랑하는 사람에게 고난을 주어 상대를 떠나게 만든다면, '사랑은 믿을 수 없어'라는 신념은 사라지지 않는다. 자신이 만든 인지적 오류에 빠져 나에게 찾아온 사랑도, 사람도 잃어버릴 뿐이다.

사랑한다고 다 용서되진 않는다

진이 씨의 경우처럼 사랑하는 사람에게 무례하게 대하는 자신을 발견했다면 이제는 내 안에 뿌리 깊게 자리 잡은 '사랑은 믿을 수 없다'는 신념이 도대체 어디에서 비롯된 것인지를 알아볼 차례다.

기억을 거슬러 올라가다 보면 내가 그러한 불신을 갖게 된 계기를 분명히 찾을 수 있다. 태어날 때부터 불신을 탑재하고 나오는 사람은 없기 때문이다. 불신의 시작점을 찾아본다면 그 왜곡된 신념도 떠나보낼 수가 있다. 우선 나 자신부터 납득시켜 보자. 이해하면 편하다. 이해하면 바꿀 수 있다.

사랑에 대해 가졌던 모든 가정과 신념을 내려놓자. 그리고 지금 내 눈앞에 있는 그 사람을 바라보자. 그 사람과 내가 있는 그대로의 존재로 만나는 것이다.

어차피 끌렸다면 제대로 사랑해보는 게 나도 그 사람도 원하는 바가 아닐까. 사랑하자. 마음껏 사랑하고 마음껏 싸우자. 단, 싸움에도 예의가 있어야 한다는 걸 기억하면서 싸우고 화해하고 사랑을 쌓아가자. 사랑한다고 무례함이 용서되는 건 아니다. 사랑이 모든 걸 눈감아주지도 않는다. 한쪽이 마냥 참아주는 것도 상대방을 위하는 방법이 아니다. 사랑 또한 인간 대 인간으로 관계 맺는 일이라는 것을 기억하자. 다른 관계와 다르지 않다.

4
모든 사랑은 변한다

사랑은 언젠가 지루해진다

처음에는 너무 좋았던 연애도 하다 보면 '이 연애를 계속 해야 하나?'하며 고민되는 순간들이 찾아온다. 데이트도 점점 귀찮아지고, 만나는 횟수도 점점 줄이고 싶다. 잘 때 전화하기 등과 같이 의례적으로 하던 연인 간의 행동도 '굳이 해야 하나?'싶은 마음도 든다.

피곤할 땐 같이 있는 것보다 혼자 있는 게 좋다. 그런데 이 마음을 상대방이 알게 되면 섭섭해하고 실망할까 봐 피곤해도 의무감으로 연인을 만나러 나간다. 그렇게 연애에 지쳐가는 자신을 발견한다.

그런데 이럴 때 점점 상대방의 싫은 모습들이 하나둘씩

눈에 걸린다는 사람들이 많다. 연애 초반에는 단순히 '나랑 다른 부분이 있구나'라고 넘어갈 정도였던 부분이 어느 순간부터 복구 불가능한 '결점'으로 보이기 시작하는 것이다. 사실 없었던 것이 아닌데, 이젠 너무 신경 쓰여 헤어져야 하나 고민되는 지경에 이르게 된다.

좋아하는 마음이 남아 있음에도 불구하고 상대방이 귀찮고 부담스럽다면 내가 진짜로 부담스러워하는 마음의 정체를 알아볼 때이다. 단순히 그 사람이 좋고 싫어짐의 문제가 아니다. 내 곁의 그 사람과 더욱 친밀해지는 것이 두려워서 밀어내고 있을 수도 있다. 그럴 땐 내 마음을 먼저 살펴볼 필요가 있다. 내 마음을 알아야 이 관계에 대해서도 객관적으로 살펴볼 수 있기 때문이다.

차라리 혼자가 편한 사람들

인서 씨는 만나는 연인마다 매번 '거리가 느껴진다'며 섭섭하다는 소리를 듣는다. 그녀도 알고 있던 특성이었다. 그녀는 지나치게 가까운 거리는 부담스럽게 느껴졌고, 누군가와 어느 정도 가까워지면 더 깊어지는 게 두려웠다.

인서 씨는 사귀는 사람이 가까워지려고 다가오면 일부러 그 사람을 싫어하기 시작했다. 이전까진 별로 신경 쓰지 않던 단점들을 꼽아보고, 매력 없는 사람이라며 불만을 품었다. 그런데 이런 마음을 가졌음에도 헤어지는 건 싫었다. 막상 만나면 좋기도 했기 때문이다. 혼란스러워하는 인서 씨에게 나는 이 관계에서 진정으로 원하는 것이 무엇인지, 그 마음에 대해 알아보자고 했다.

"살면서 연인과 함께 있을 때 편하고 의지되었던 적이 있었나요?"

인서 씨는 살면서 단 한 번도 누군가에게 의지해본 적이 없었다. 의지하고 싶었지만 인서 씨 곁엔 늘 의지할만한 사람이 없었다. 아버지는 늘 바쁘셔서 집에서 얼굴을 볼 수 없었고, 어머니는 주부였지만 늘 자신만의 일로 바빠 보였다.

인서 씨는 아무리 힘들어도 부모님에게 말하지 않으며, 혼자서도 뭐든지 잘해내는 사람으로 성장했다. 어느새 당연히 힘든 일은 스스로 해결하는 게 맞다고 믿는 사람이 되어 있었다.

그러던 인서 씨에게 기대도 되는 연인이 생긴 지금, 인서 씨는 살면서 최초로 기대고 싶은 마음과 기대면 안 된다는 마음 간의 갈등에 직면했다.

'혹시 이 사람에게 기대도 될까?' 생각하다가도 바로 이런 생각이 등장한다. '안 돼! 이 사람에게 내 나약한 모습을 보였다간 나를 싫어하고 떠나 버릴 거야'라고 생각하고는 힘든 내색은 하지 않기로 마음먹는다. 결국 역시 혼자가 편하다는 결론을 내리기를 반복하고야 만다.

의지할 수 있는 최적의 거리

의외로 인서 씨처럼 사귀는 사람에게도 속 깊은 마음을 보여주기 어려워하는 사람들이 많다. 평생을 그래본 적이 없기 때문이다. 그러나, 연인에게 사적인 생각과 감정을 어디까지 나눌 수 있는지의 여부는 관계의 질을 가늠해 볼 수 있는 중요한 척도다.

내가 느끼는 모든 것을 상대방이 알아야 하는 것은 아니지만, 우리는 상대방을 얼마나 신뢰하느냐에 따라서 내가 보이고 싶은 나를 어디까지 보여줄 수 있느냐를 결정하게 된다. 즉, 당신의 취약성을 잘 드러내는 관계일 수록 당신은 상대방에게 깊게 의지하고 있을 확률이 높은 것이다.

나의 취약성을 드러내는 경험은 깊은 관계를 가능하게 하기 때문에 중요하다. 나의 취약성은 절대 보일 수 없다고 믿는 관계는 더 깊어지기 어렵다. 만약 당신이 다음과 같은 생각을 가지고 있다면 이 관계를 밀어내는 중일 가능성이 높다.

1. 상대에게 내 속의 깊은 감정을 보여주기 싫다.
2. 상대가 나와 지나치게 가까워지려고 하면 불편하다.
3. 상대와 가까워지고 싶지만 실제로는 멀어지기만 한다.

위의 문장들은 1998년, 브레난(Brennan)과 동료들이 개발한 '친밀한 관계경험척도'에서 관계를 밀어내는 '회피'를 측정하는 문항 중 일부이다. 이렇듯 친밀감이 두려워 회피를 하는 중이라면 단순히 '내가 이 사람을 좋아하나? 싫어하나?'로만 생각할 문제가 아니다. 한 단계 더 깊이 들어가서, 친밀한 관계를 대하는 나의 태도를 살펴봐야만 한다.

친밀해질수록 밀어내고 싶은 이 마음이 무엇을 의미하는지, 그리고 나는 정말 혼자가 편한 것인지 스스로에게 질문을 해야만 한다. 또한 누군가에게 기대고 싶은 마음은 어떻게 해소하고 있는지를 살펴볼 필요도 있다.

지금은 그 사람과의 관계에만 문제가 있어 보이지만, '회피'하려는 욕망을 가지고 있다면 어떤 사람을 만나더라도 친밀함의 수준이 스스로 정해놓은 선을 넘을 때마다 관계로부터 도망치고 싶은 충동을 느낄 수 있다. 안타깝게도 그것이 스스로 만들어 놓은 내적 작동모델이며, 그 모델에 의해 지금까지 관계를 대했을 수 있다.

그러나 다행히도 마음에 만들어진 모델은 내가 바꿀 수 있다. 내가 회피 대신 안정을 선택하고자 방향을 바꾼다면, 그리고 지금까지 밀어냈던 행동 대신에, 어색하고 불편해도 다가가는 행동을 선택해 본다면 나의 모델은 조금씩 수정되어 간다.

상대방의 결점이 보일 땐, 내가 이 결점 때문에 이 사람 전체의 가치를 낮게 볼 것이 아니라, 이 결점이 어떻게 되었으면 좋겠는지를 파트너와 함께 얘기해보는 방향으로. 기대고 싶은데 기대면 안 될 것 같아 혼자를 선택해야 할 것 같을 땐, '내가 기대고 싶은데 기대도 괜찮은지?' 파트너와 나의 불안에 대해서 얘기해보는 방식으로 조금씩 소통의 모양을 이전과는 다르게 해 보면 된다. 변화는 아주 작은 행동에서 시작되기에. 그렇게 조금씩 더 건강하고, 더 자유로운 사랑을 향해 나아가면 된다.

지금 내 곁에 있는 나의 연인과 연애를 시작하던 8년 전, 유난히 마음에 꽂혔던 노래 가사가 있다.

사랑해 이 길 함께 가는 그대여 굳이 고된 나를 택한 그대여

가수 윤종신의 '오르막길'이라는 노래에 나오는 가사다. 그 누구도 믿어본 적 없어 불안했던 그때의 나는 그가 굳이 고된 나를 택했다 느꼈다. 나는 더 자유롭고 싶었기에, 이 관계만큼은 잃고 싶지 않았기에 나의 고됨을 그 사람에게 있는 그대로 펼쳐놓고 바라보기로 선택했다. 지금 생각해도 나의 나약하고 못난 부분들을 있는 그대로 인정하게 도와준 그 사람에게 고맙다.

나의 부족함을 있는 그대로 비춰 주는 거울이 되어준 그 사람에게 나 또한 그의 부족함을 있는 그대로 비춰주는 법을 배웠다. 오늘도 조금 더 성숙한 인간이 되기 위해 서로를 비춰 준다. 그렇게 우리는 독립적인 인간으로, 친밀한 관계 안에서 조금씩 더 친밀해진다. 우린 서로가 완벽해서 사랑하는 것이 아니라, 완벽하지 않음에도 사랑하기로 한다.

5
타인의 마음은 통제할 수 없다

누군가의 마음이 이해되지 않을 때

'저 사람은 왜 연애를 저렇게 할까?'

내가 연애할 때마다 나에게 이런 의문을 가지는 사람들이 주변에 하나둘씩 생겨난다면, 자신의 연애 패턴을 객관적으로 살펴볼 필요가 있다. 평소 자신의 모습과 다르기에 그러한 의문이 생겨나는 것이고, 그 연애에 무언가 문제점이 있다는 뜻이기 때문이다. 특히, 나란 사람이 연애라는 상황과 만났을 때 어떤 모습으로 변하는지 탐구해 보아야 한다.

연호 씨는 주변 사람들의 의문을 불러일으키는 연애를 해 왔다. 평소에 공부할 때나 일할 때면 자존감이 높아 보이던 그는, 연애만 하면 자존감이 낮아졌다. 잠수를 타고 동굴로 들어가며 주변 사람들의 관계를 소홀히 했다. 친구는 다 잊고 오로지 연인과 함께하려고만 했다. 소중한 관계들을 줄여 연인 한 사람에게만 몰입했던 그는, 연인의 사소한 반응에도 예민해졌다. 상대는 힘들어했고, 그 반응에 불안해진 연호 씨는 더욱 날을 세웠다. 악순환이 반복됐다. 연애할 때마다 달라지는 자기 자신을 알아챈 연호 씨는, 같은 실수를 반복하고 싶지 않다고 나에게 찾아왔다.

"꽤 괜찮은 사람을 만났는데 최근에 또 차였습니다. 제가 자존감도 있고 자기애도 있는 편이라고 생각했는데 연애를 해보니 자존감이 많이 낮다는 걸 느꼈어요. 모든 연애의 끝이 같았습니다. 처음에는 상대방이 분명 저를 좋아하는 것 같은데 시간이 갈수록 점점 저에게 질려 하고, 결국 일방적으로 이별을 통보합니다. 저에게 마음이 없어졌다는 모진 말과 함께요."

연호 씨를 더 슬프고 화나게 만든 지점은 그런 사람에게 자신이 비굴하게 매달린다는 사실이었다. 울고불고 매달리다 결국 바닥까지 드러내는 자신을 발견하면 너무나 비참하지만, 결국 이별하고 또 비슷한 연애를 반복한다며 속상해했다. 머리로는 그 사람이 돌아오지 않을 걸 아는데도 자신이 어떻게든 매달리면 붙잡을 수 있을 거라는 생각을 멈출 수 없다고. 자기는 왜 이런 연애를 반복하는지 모르겠다며 힘들어했다.

우리는 늘 일과 사랑에 치인다

성인 초기의 두 가지 중요한 과업은 일과 사랑이다. 두 가지 모두에서 성공적인 경험을 한다면 더할 나위 없이 행복한 성인 초기를 보낼 수 있겠지만, 대부분의 사람이 일이나 사랑, 혹은 일과 사랑 모두에서 어려움을 겪는다. 두 가지 모두 쉬운 일이 아니기 때문이다. 그런 측면에서 보자면, 연호 씨의 경우는 나름 성공적이었다. 사회에 나와서도 원하는 곳에 한 번에 취업했다. 일에서도 유능감을 느끼고 있었다.

그런데 문제는 사랑이었다. 사랑만큼은 생각대로 흘러가지 않았다. 일은 계획하고 준비하는 만큼 성과도 따라와 주었고, 설령 실수하거나 실패해도 또 다른 경험을 통해 실력을 쌓아갈 수 있어 괜찮았다. 그런데 연애는 달랐다. 노력해도 잘 안 됐다. 아무리 노력해도 상대방은 점점 더 멀어져만 갔다. 상대가 멀어진다고 느껴질수록 연호 씨는 더 오기가 생겼다.

'내가 더 잘하면 다시 마음이 돌아오겠지?'

그렇게 생각하며 자기가 할 수 있는 최선을 다했지만 늘 상대방이 이별을 통보하고 관계는 일방적으로 끝났다. 연호 씨는 무엇이 문제인지 너무 궁금했다.

사랑을 통제하고자 하는 열망

일에서는 성취감을 느끼는데 연애에서는 자꾸 실패한다고 느끼는 사람 중에는 '통제 욕구'가 높은 경우가 많다. 통제 욕구란 자신의 환경에서 벌어지는 일들을 통제하려는 욕구다. 통제 욕구가 강한 사람은 스스로 결정하는 상황을 선호한다. 이들은 자신과 일에 있어, 주어지는 자율성을 적극 활용한다. 특히, 자율성이 높은 환경에서 일할 경우, 자신의 통제 욕구를 마음껏 즐기며 일하기 때문에 일에 대한 만족도가 높다. 자기 자신을 통제하는 일도 잘하기에 업무 수행 능력도 높기 쉽다.

그런데 사랑에 있어서는 어떨까? 사랑은 내가 아닌 타인과 함께하는 상호작용이다. 사랑은 나 자신이나 나의 일과는 다르게 내가 통제할 수 없는 영역이다. 그런데 통제 욕구가 높은 사람들은 마치 사랑도 자신의 뜻대로 만들 수 있다고 여긴다. 지금까지의 인생이 거의 통제 가능했기 때문에 그 프레임을 타인에게도 적용하는 것이다. 파트너가 이별을 고하더라도 자신의 뜻과 일치하지 않을 경우 타인의 의견을 수용하기 어렵다. 상대방의 마음이 멀어진 것도 자신이 뭔가를 잘못해서 벌어진 일이라고 생각하며, 내가 어떻게든 관계를 바로잡을 수 있다고 느낀다. 연호 씨의 경우도 그랬다.

"제가 뭔가를 잘못해서 그 사람 마음이 멀어진 것 같아요. 제가 더 잘하면 다시 저에게 돌아오지 않을까요?"

이렇게 타인의 마음까지 통제하고자 할 경우, 상대방과의 진정한 관계를 맺기 어렵다. 자신이 원하는 대로 상대방을 바꾸려고 시도하게 되는 탓이다. 상대방 또한 자신을 바꾸려 드는 사람을 좋게 생각할 리 없다. 그 사람 또한 나처럼 있는 그대로 인정과 사랑을 받고 싶어하는 존재이기 때문이다.

연애 초반에는 나의 뜻대로 무엇이든 해주었던 그가 어느 순간 바뀌었다면, 그 사람의 자유 의지로 그 모습을 선택한 것이다. 그 사람의 자유 의지가 처음부터 없었던 것이 아니라, 억눌렸던 것이 자연스럽게 펴진 것이다. 애초에 그 사람이 내가 원치 않는 모습을 가졌다면 그 모습을 수용할지 말지를 선택하는 것이 필요하지, 그 사람을 어떻게 바꿀지를 고민하는 것은 아무 의미가 없음을 기억해야 한다.

상대적으로 통제할 수 있는 자기 자신이나 일과는 달리, 사랑은 통제할 수 없다. 사랑은 자신의 성장이나 일처럼 성취 대상이 아니라는 것을. 사랑 관계에는 내가 바꿀 수 없는(바꿔서도 안 되는) 타인이라는 존재가 큰 비중을 차지한다는 것을 기억해야, 일과 사랑이라는 우리의 중요한 과업을 성공적으로 이뤄낼 수 있을 것이다.

6

때로는 단호한 이별이 필요하다

헤어지지 못하는 사람들

'우린 결국 헤어져야겠지.'

머리로는 답을 알겠는데 헤어지지 못하는 사람들을 많이 본다. 주변에서도 다 헤어지라고 할 정도로 헤어져야 하는 이유는 명백하다. 아직도 그를 좋아하는 마음이 있기에 만나고 싶기도 하지만, 한 편으로는 스스로 생각해도 이 관계는 더 가지 못하겠다는 생각이 있다. 그런데도 이별이라는 결정을 지연하고 있다면 자신의 마음을 살펴볼 때다. 그 안에는 이별을 방해하는 마음이 나의 결정을 막고 있을 가능성이 크기 때문이다.

사랑하고 이별하는 게, 원하는 대로 결심한 대로 된다면 아마도 우리의 삶은 이토록 어렵지도 복잡하지도 않을 것이다. 사랑의 시작도 내 맘대로 되기 어렵지만, 유독 이별이 어렵게 느껴질 때가 있다면 다음과 같은 상황이 발목을 잡고 있는 건 아닌지 생각해보자. 이별을 생각하는 많은 20대와 30대로부터 자주 듣는 고민은 다음과 같다.

이별을 대하는 세 가지 고민

첫 번째는 사랑은 끝났다는 걸 서로가 알고 있지만 이별은 두려운 경우다. 헤어지자고 결심만 반복하고 결정은 하지 못한다. 지금까지의 사랑이 아깝다. 사랑했던 세월도, 나의 시간도 아깝다. 더욱이 그 사랑을 저버리고, 없던 일이 될까 봐 슬프다. '어떻게 만들어 온 관계인데 이렇게 끝이 난다니!' 우리에게 끝이 있음을 생각해본 적이 없어서 더더욱 이별은 두렵다.

다음으로는, 내가 조금 더 노력하면 상대를 바꿀 수 있지 않을까 하며 헛된 희망을 품고 있는 경우다. 이 경우, 상대가 힘들어하는 측면을 내가 최선을 다해 채워주려는 '구원' 소망이 관계에 깊이 스며들어 있다. 즉, 나로 인해 이 사람의 삶이 더 나아지는 걸 이미 경험해본 연인이다. '내가 아니면 이 사람은 더 망가질 텐데… 나라도 함께해야지'라고 생각하며 그 사람 곁을 지키느라 내 삶은 망가지고 있지만, 내가 없이 살아갈 그의 미래가 안타까워 그를 놓지 못한다.

마지막으로, 자기 자신을 존중하기보다는, 상대를 더 위하는 데 익숙해져 있는 경우다. 나라는 존재는 오롯이 그를 위해 존재하는 것처럼 일거수일투족을 그 사람이 원하는 대로 맞추며 연애해왔다. '우린 정말 잘 맞았는데. 나만 참으면 되는데.'라고 생각하면서도 한편으로는 답답하다.

내가 맞추지 않으면 사랑받지 못할 거란 생각에 두렵기도 하다. 사실은 사랑받고 싶지만, 을의 입장으로 연애를 하니 외롭다. 그러나, 헤어지면 더 외로워질까 봐 두렵다. 그 사람이 없는 나는 더욱 더 아무것도 아닌 내가 될까 봐 이별할 수 없다.

이별을 고민하는 사람들은 점점 이별을 미루는 데 익숙해진다. 차라리 상대방이 먼저 헤어지자고 말해준다면 좋겠다는 생각도 들게 된다. 어쩔 수 없는 상황에 의해 헤어지게 된다면 이별을 받아들이기가 조금 수월하지 않을까 싶은 마음이다.

그러나 스스로는 잘 알고 있다. 미루면 미룰수록 괴로움은 커져간다는 것을. 나 자신에 대한 미움도, 사랑했던 시절의 추억마저 퇴색된다. 이건 더더욱 내가 바라지 않는 결론이라는 것도 그들은 알고 있다. 그래서 이별을 고민하는 과정도 이별하는 것만큼 아프다.

우리에겐 사랑만큼 이별도 필요하다

어떤 이별도 아프지 않은 이별은 없을 것이다. 그러니 우리에게 필요한 건 사랑을 맞이하고 새로운 사람을 내 삶에 받아들였듯이, 이별을 하고 이별의 아픔을 받아들이는 연습을 하는 것이다.

우선, 지나간 사랑에 대한 연민과 슬픔이 가득한 마음에 대한 충분한 애도의 시간이 필요하다. 연인 관계가 끝나면 앞으로 다시 못 볼 사이가 되더라도 나의 과거가 사라지는 건 아니다. 과거의 우리는 이미 존재했고, 기억은 추억으로 내 마음에 저장된다. 아무리 잊고 싶어도 잊혀지지 않는 것이 있는 것처럼 사랑의 기억은 어떤 형태로든 내 마음에 남아 살아 숨 쉰다. 그러니 아끼던 사랑일수록 보내주는 과정에도 마음을 다해 이별에 임해보자. 이별의 아픔도 수용해야 다음 사랑을 시작할 수 있기에.

연인이라면 힘들 때 서로 도움을 주고받는 것이 이상적이다. 그러나 주는 사람과 받는 사람의 역할이 고정되어 있다면 그것은 문제가 있다. 만약 연인에겐 내가 필요하기 때문에 헤어짐을 망설이고 있다면 우선 그것은 헛된 희망이고 과한 욕심임을 자각해야 한다.

냉정하게 봤을 때 나는 그 사람을 지나치게 약하게 보고 있을 가능성이 있다. 내가 도움을 주고, 그 사람은 도움을 받는 관계에 익숙해져 있다면 그 관계는 건강하지 못한 것이다. 한쪽은 늘 도움을 받는, 약한 사람의 역할에 한정된다. 문제가 생길 때마다 연인의 도움을 받아 연인이 해결해 준다면, 스스로는 문제해결을 시도해 볼 기회를 계속해서 잃게 된다. 결국 스스로의 문제해결력은 정체된다.

아무리 가까운 연인이어도 서로의 경계가 필요하다. 즉, 독립적인 자아로서의 기능이 약화되는 관계는 서로를 더 나약하게 만드는 구조라 장기적으로는 서로의 삶을 해칠 수 있다는 것을 기억하자. 이 구도가 변화할 수 없다면 이별은 피하기 어려울 것이다.

마지막으로 상대방에게 맞추느라 자신을 존중하지 못한다면 좋아하는 마음이 남아 있더라도 이별을 생각해볼 만한 상황이다. 내가 그토록 그 사람에게 맞추는 이유는 사실 그 사람에게 사랑받고 싶은 마음 때문이다. 내가 좋아하는 그 사람이 나를 좋아했으면 좋겠는 마음에 그 사람의 기분, 가치관, 삶의 태도까지 맞춰보려 노력했을 것이다. 그러나 그것 또한 건강한 연애가 아니다. 타인에게 에너지를 쏟는다면 그만큼 나에게 쓸 수 있는 에너지는 줄어들고 있을 것이기 때문이다. 게다가 그 사람이 나에게 일방적으로 맞추기를 강요한다면 그것이 바로 가스라이팅이다. 사랑하는 관계를 내세워 상대를 지배하려고 하는 파괴적인 관계인 가스라이팅의 해답은 그 관계로부터 빠져나오는 것이다. 그것은 사랑이 아니다.

이 세상에는 필요한 이별도 있다. 특히 위의 세 가지 이유에 해당한다면, 다음번 사랑을 위해 이별하자. 이별 말고는 답이 없다고 느낀 이유가 분명 있을 것이다. 아마도 내가 바꿀 수 없는 것, 즉 그 사람이나 상황적 변수가 둘의 관계에 걸림돌이 되고 있을 가능성이 크다. 그토록 이별을 고민했다면 할 수 있는 최선은 이미 해볼 만큼 해봤을 것이기에.

그렇다면, 그저 필요한 이별을 맞이하는 데 집중해 보도록 하자. 이번 사랑에 진심이었던 만큼, 나의 다음번 사랑은 성숙하게 만들어나갈 수 있을 것이다. 다음번 사랑은 다른 모양으로, 이왕이면 더 건강한 사랑을 할 수 있을 거라고 내 마음에게 따스하게 말해주기를.

7

기대치를 낮춰야 사랑은 깊어진다

사랑에도 기술이 있다

'사랑이 뭔데 이렇게 힘든 걸까요?'

우리가 이런 생각을 할 수밖에 없는 이유는 사랑이 무엇인지 잘 알지 못한 채 성인이 되었기 때문이다. 에리히 프롬은 그의 저서 《사랑의 기술》에서 이렇게 꼬집는다.

> '사랑에는 지식과 노력이 요구된다. (…) 그러나 사랑에 대해서 배워야 할 것이 있다고 생각하는 사람은 거의 없다.'

우리는 아름다운 사랑을 갈망하지만, 그것을 잘하기 위해 필요한 지식도 학습도 부족하다. 그러니 사랑의 결과도 아름답지 않은 것이 자연스럽지 않은가. 사랑이 중요하다면, 사랑에 대해 배우는 것이 맞다.

여기서 '사랑을 잘한다'는 명제가 구체적으로 무엇을 의미하는지 명확하게 할 필요가 있다. 외적인 매력으로 언제든지 이성을 유혹할 수 있지만, 장기적인 관계를 발전시키지 못하고 매번 짧은 연애를 반복하는 사람은 사랑을 잘하는 걸까? 그 사람은 사랑의 시작만 잘할 뿐, 관계를 유지하거나 발전시키지는 못하는 것이다.

그러나, 많은 사람들이 상대방에게 사랑받기 위해서 외적인 매력을 업그레이드하는 데만 노력을 집중하고 있다. 그리고 이러한 매력이 관계의 유지나 발전까지 해결해줄 것이라 기대한다. 이는 명백하게 다른 두 가지 개념을 섞어서 생각하는 것이며, 한 가지가 다른 한 가지를 자동으로 해결해줄 것이라는 잘못된 신념을 강화시킨다.

관계를 유지하거나 발전시키기 위해서는, 외적인 매력과는 다른 차원의 지식과 노력이 필요하다. 바로, '상대방의 니즈를 있는 그대로 받아들이는 것'이다. 즉, 상대방의 니즈에 대한 지식, 그리고 상대방의 니즈를 수용하려는 노력이 필요하다. 상대방의 니즈를 알기 위해서는 상대방에게 질문해야 한다. 추정하지 말고, '무엇을 원하는지?' 구체적으로 물어보는 것이다. 질문을 통해 알게 된 상대방의 니즈를 수용하는 것도 노력이 필요한 일이다. '상대방이 그것을 원하는구나'하며 비판단적으로 수용하는 능력도 연습이 필요한 일이다. 많은 경우, 상대방의 니즈를 나의 입장에서 생각하고 판단하는 실수를 저지른다. 경아 씨의 경우도 그랬다.

원하는 것을 해주고 있다는 오해

경아 씨는 연인 진한 씨가 고민에 대해 이야기하면 그 고민에 대해 해결방안을 찾아주기 위해 최선을 다했다. '나라면 그 상황을 어떻게 해결할 것인지' 충고와 조언을 아끼지 않았다. 그런데 사실 진한 씨가 원하는 것은 문제해결이 아니라 넋두리를 하는 것이었다. 경아 씨가 자신이 처한 문제상황을 해결해줄 마법적인 능력이 있다고 생각하지도 않을뿐더러, 경아 씨가 어떻게든 문제를 해결해줄 것이라는 기대를 갖고 있는 것도 아니었던 것이다. 진한은 경아가 아니기에, 경아 씨가 제시한 방법으로 처해있는 상황에서 문제를 해결할 수도 없었다.

이런 진한 씨의 마음을 알지 못하는 경아 씨는, 공감이나 격려를 해주는 법이 결코 없었다. 고민을 얘기할 때마다 진한 씨를 나무라고 닦달하고 인생을 그렇게 살면 안 될 것처럼 훈계했다. 진한 씨는 경아 씨의 노력에도 불구하고 마음속으로 경아 씨를 점점 더 멀리하게 됐다. 경아 씨와의 관계를 더 유지시키거나 발전시킬 동기는 점점 사라져 갔다.

이 상황에서 진한 씨의 니즈는 연인에게 힘듦을 넋두리하고 공감과 격려를 받는 것인데, 경아 씨는 진한 씨의 니즈를 문제해결로 단정 짓고 있다. 진한 씨의 니즈는 진한 씨의 것이다. 경아 씨가 진한 씨에게 '넋두리 따위나 하고 있을 거야? 너의 니즈는 문제해결이어야만 해'라고 선언한다고 해서 진한 씨의 니즈가 바뀌지는 않는다.

상대방의 니즈를 내가 내 생각대로 가정한다면, 그건 얼마든지 틀릴 수 있다. 상대방의 니즈는 무엇이어야만 한다고 내가 내 맘대로 결정한다면, 그것은 강요다. 관계를 유지시키거나 발전시키는 차원에서 사랑을 잘하기 위해서는, 상대방의 니즈를 있는 그대로 받아들여야 한다. 이것은 이해가 아니라 수용의 영역이기 때문이다.

연인관계에서 상대방의 니즈를 있는 그대로 받아들이지 못하는 사람들은, 다음과 같은 생각을 자주 하는 경향이 있다.

'아무 이유 없이 도대체 왜 저래?'

사실은 이유가 없는 것이 아니라 이유를 모르는 것이다. 이유가 없는 것과 이유를 모르는 것은 다르다. 인간의 모든 행동에는 이유가 있다. 이유가 있다는 것은 어느 정도 알지만, 그것을 인정하고 싶지 않아 이유를 알지 않기 위해 노력하고 있는 것일 가능성도 생각해봐야 한다.

사랑에는 지식과 노력이 요구된다는 말은 몇 번이라도 강조해서 말해도 넘치지 않는다. 상대방이 어떤 마음을 가지고 있는지 알고 싶지 않다면, 더 좋은 관계를 만들기 위해 노력할 마음이 없다고 봐야 한다. 상대방의 니즈가 나의 가치관을 심각하게 벗어난다면 관계를 계속 이어나갈지에 대한 결정이 필요한 시기일 수도 있다.

그런데 만약 상대방이 어떤 마음을 가지는 것이 마땅히 옳은 것인지 내가 결정권을 행사하고 싶다면, 그것은 가스라이팅처럼 상대방을 지배하고 싶은 욕구일 뿐 사랑이 아니라는 것을 기억하자.

더 성숙한 사랑을 하고 싶다면 사랑의 모양을 과학적으로 분석하는 습관을 만들자. 통제 불가능한 상대방과 더 좋은 관계를 발전시키는 것은 서로가 상대방의 니즈에 맞추어 갈 때 가능해진다.

5장

세상에 걸려 넘어진 당신에게

1
원래 그런 것은 없다

우리의 세계를 결정하는 요인

'나는 원래 이런 사람이지.'(자기관)

'사람들은 원래 그래.'(인간관)

'세상은 원래 그런 곳이지.'(세계관)

개인마다 어떤 것이 '원래' 그렇다고 생각하는 생각의 틀이 있다. 이러한 생각은 시간이 흐를수록 자기 안에 더 확고하게 자리 잡는다. 심리학에서는 이렇게 개인이 자신의 경험을 통해 만들어낸 생각의 패턴을 '도식(scheme)'이라 부른다.

도식은 개인의 기질, 환경, 그리고 기질과 환경의 상호작용에 의해 만들어진다. 개인은 환경과의 상호작용을 통해 자신만의 독특한 기억, 감정, 생각 등을 쌓으며, 이는 곧 자기 자신과 타인, 그리고 더 넓게는 이 세상에 대한 평가를 만들어낸다.

이는 아주 어린 시절부터 만들어지기 시작하는 경우가 많은데, 특히 이 세상에 태어나면서 만나게 되는 사람, 즉 매일 보는 사람들과 어떻게 교감했느냐에 강력한 영향을 받는다. 생애 초기에 생성된 도식은 우리의 자기관, 인간관, 세계관을 만드는데 중요한 요인이 되며, 한 개인이 세상의 자극에 반응하는 방식을 설명해 주고, 특정한 삶의 양식을 만들어낸다.

따라서 도식을 조합해 보면 한 인간이 어떤 모양의 삶을 살아갈지 예측할 수 있다. 이것이 바로 내 안에 어떤 도식이 자리 잡고 있는지를 정확히 알아보는 작업이 중요한 이유다. 내가 가진 도식에 따라 지금 내 삶이 펼쳐지고 있기 때문이다.

도식의 두 가지 형태

도식에는 적응적인 도식과 부적응적인 도식이 있다. 적응적인 도식은 삶에 걸림돌이 되지 않는다. '세상에는 내 맘대로 안 되는 일도 있다'와 같은 도식이 바로 그것이다. 이러한 도식을 가진 사람은 자신이 원치 않는 상황에 맞닥뜨렸을 때, 현재를 수용하고 자연스럽게 문제 상황에 대처하는 데 집중하게 된다. 삶에 잘 적응하며 살아가는 것이다.

반면, 부적응적인 도식은 삶에 걸림돌이 된다. 대표적인 예로, '세상에 내 마음대로 안 되는 일은 없다'라는 도식이다. 이러한 도식을 가진 사람은 문제 상황을 마주하면 당황하고 분노한다. 본인이 지니고 살아오던 기존의 도식에 들어맞지 않는 탓이다. 결국, 해결보다는 부정적인 감정에 휩싸이게 되어 삶에 적응하지 못하고 자꾸만 스트레스 상황에 놓이게 된다.

그런데 부적응적인 도식은 왜 생겨날까? 쉽게 예상할 수 있듯, 어린 시절에 느낀 결핍이나 심한 좌절을 겪은 연유 등으로 부적응적 도식이 생겨난다. 그런데 놀라운 건 그 반대의 경우에도 마찬가지란 것이다. 즉. 어린 시절에 과도하게 욕구가 충족된 경우에도 부적응적 도식이 만들어진다.

예를 들어, 어린 시절 "너 하고 싶은 것 다 해. 엄마가 너 하고 싶은 것 다 하게 해줄게. 네가 최고야"라는 말을 반복해서 들어왔다고 해보자. 언뜻 보기엔 마냥 행복했을 것 같기도 하다. 그러나 가족 내에서는 '언제나 네가 최고야'라는 말을 반복적으로 듣고 자란 사람이 사회에 나갔을 때는 어떻게 될까? 정말 내가 최고인 줄 알았는데, 아니라면?

이런 경험을 하며 자란 사람들은 현실을 받아들이기 힘들어한다. 자기도 모르게 잘못 만들어진 도식을 가지고 내 맘대로 되지 않는 세상에 대해 화를 낸다. 자신뿐만 아니라, 주변 사람까지도 힘들게 하며 남 탓, 세상 탓을 하면서 본인도 힘들어한다. 닥친 상황을 해결하려 하지 않고 자신의 부정적인 생각과 감정에 걸려 넘어져 버리는 결과로 이어진다.

물론, 과거의 시점에서 분석했을 땐, 그 도식이 어느 정도 진실이었을 수도 있다. 현재에는 부적응적이더라도 그때는 그 도식이 생길 만한 상황이었을 것이고, 그러한 도식을 가져야 생존할 수 있었을지도 모른다. 문제는 상황이 바뀌었는데도 과거의 도식을 현재에 적용하는 데서 발생한다. 상황이 바뀌었다면 업데이트가 필요하다. 부적응적 도식이 형성된 과정을 분석해 보고, 그것이 지금 상황에 맞지 않다면 폐기해야 한다. 그때는 맞았더라도 지금은 틀렸을 수 있다.

마음 속 도식을 바꾸는 방법

지금보다 더 성숙하고 싶다면 부적응적인 도식을 보다 적응적인 도식으로 바꾸는 작업을 권한다. 그런데 인간의 뇌는 익숙한 정보를 습관적으로 처리해 버리는 경향이 있기에, 참인지 거짓인지 관계없이 기존의 도식은 점차 강화되어 나만의 진리가 되어버리고 만다. 따라서, 이때는 '의식적'으로 자신이 가진 도식이 참인지 거짓인지 평가하는 작업이 필요하다.

실제 세상에서 일어나는 일들을 객관적으로 관찰하고, 나의 도식이 이에 들어맞는지 아닌지 확인하는 것이다. 자신의 경험을 되짚어보거나 주변 사람들의 견해를 참고하거나 혹은 연구 논문이나 통계를 통해서도 가능하다.

이렇게 나도 모르게 가지고 있었던 부적응적인 도식을 찾아내고, 이를 적응적인 도식으로 바꿔가면서 우리는 건강한 세계관을 가지고 살아가는 어른이 될 수 있다.

또다시 같은 문제로 좌절하지 않기 위해서, 지금 자신이 당연하다고 생각하는 도식이 무엇이 있을지 궁금해하는 것부터 시작해 보자. 당연한 것이 당연하지 않을 수 있음을 점검해본다면 현재의 나에게 더 필요하고, 현 상황에 더 적응적인 도식을 갖고 살아갈 수 있는 내가 된다.

2

타인의 평가에 휘둘리지 마라

이미지 관리의 허상

겉으로 드러나는 이미지를 관리하느라 삶이 피곤하게 느껴진다면, 한 번쯤 멈춰 서서 나의 마음을 돌아볼 필요가 있다. 특히 일할 때와 같이 에너지 관리가 중요한 상황일수록 그 필요성은 커진다. 에너지는 유한한 자원이기에 '이미지'에 과도하게 신경을 쓰게 되면 나도 모르게 놓치는 것들이 많아지기 때문이다.

예를 들어, 회사에서 '내가 어떻게 보일까?'가 최우선 관심이 될 경우를 생각해 보자. 업무상의 문제해결보다 상대방의 표정, 말투, 행동 등을 민감하게 살피게 된다면? 상대방의 작은 반응 하나하나에 흔들려 나만의 기준을 잃고 일을 처리하게 될 것이다. 부수적인 일에 신경 쓰는 만큼 실질적인 업무에 투입할 에너지는 줄어든다. 일 처리가 제대로 될 리 없다.

나의 상담실에 찾아왔던 홍철 씨는, 사무실에서 동료들과 대화할 때 상대방이 조금이라도 언성을 높이면 그 자리를 피해버렸다. 업무에 필요한 대화더라도 상관없었다. 그저 조금이라도 불편한 상황이 예측되면 서둘러 대화를 끝내고 자리를 떠났다.

상대와 불편한 관계가 되는 게 싫은 게 일차적인 이유였지만, 더 깊은 속내는 그렇게 언성을 높이며 타인과 다투는 모습을 사무실에 있는 남들에게 보여주기 싫다는 이유였다. '이미지 관리'를 위한 전형적인 행동이었다.

그러나, '갈등 없는 사람'임을 보여주고 싶어 모든 갈등 상황을 피한 홍철 씨의 이미지는, 업무에 있어서 크게 마이너스가 되었다. 의견 조율이 필요한 상황인데도 의사소통을 할 수 없으니 일이 주먹구구식으로 돌아갔다. 동료들은 홍철 씨를 이렇게 느꼈다.

'도대체 저 사람 속을 모르겠어. 같이 일하기 불편해.'

좋은 이미지를 위해, 업무상 꼭 필요한 대화까지도 피했던 홍철 씨의 행동은 역효과를 낳았다. 더 큰 문제는 승진한 다음에 터졌다. 사원일 때는 갈등을 피하면서도 어떻게든 일을 해낼 수 있었지만, 중간관리자로 올라가면서부턴 더는 그럴 수 없었다. 부서 내 혹은 부서 간의 갈등이 일어났을 때 적절하게 조정하는 역할을 해내지 못하는 일이 반복됐다. 관리자의 역할을 하다 보면 얼굴 붉힐 일도 찾아오고, 언성이 높아지는 경우도 찾아오기 마련인데 홍철 씨는 그런 상황을 견디지 못했다. 그렇게 지키고 싶었던 이미지 때문에 일을 망치는 순간이 자꾸 찾아왔다.

평가 받는 것에 대한 두려움

도대체 홍철 씨는 왜 그렇게 이미지에 신경을 쓰게 된 걸까? 바로, '평가받는 것에 대한 두려움' 때문이었다. 평가에는 칭찬과 같은 긍정적인 평가가 있고, 나의 행동이 바람직하지 않을 때 듣는 부정적인 평가가 있다.

부정적인 평가를 받는다고 항상 두려움과 같은 부정적인 감정이 느껴지는 건 아니다. 하지만 부정적인 평가를 받을 때, 그 평가의 대상이 '일'이 아니라 '자기 자신'이라고 여기게 될 때 문제가 생긴다. 일을 잘하지 못한 게 아니고, 내가 '잘못된 사람'이 되기 때문이다.

게다가, 마음속에 콤플렉스가 있다면, 그 영향은 일파만파 커지게 된다. 홍철 씨의 경우, 학벌 콤플렉스를 갖고 있었다. 주변 동료들은 대부분 대학교를 나왔고 석박사학위 보유자도 꽤 있었던 반면, 고졸이었던 그는 동료들에게 열등감을 느꼈다.

동료들이 자신에게 불친절할 때마다 '그건 내가 고졸이기 때문에 무시하는 것'이라고 해석한 그는, 학벌 콤플렉스를 만회하기 위해 겉으로 보이는 이미지에 더욱 힘을 주었고, 어떠한 상황에서도 친절하고 자상한, 절대 화내지 않고 목소리를 높이지 않는 이미지로 철저하게 자신을 포장했다. 그러나, 앞서 말했다시피, 이미지에 너무 신경을 쓰는 탓에 홍철 씨는 문제를 점차 키워가고 있었다.

자신의 문제를 인식한 홍철 씨는, 이제는 넘어진 그 자리에서 일어나야 한다. 더 높은 직급에서 리더 역할을 제대로 수행하기 위해서는 이미지 말고 더 중요한 것을 챙겨야 하기 때문이다.

더 이상 콤플렉스를 가리기 위해 불편한 관계를 '회피'하는 것이 아니라, 실제로 일의 성과가 나도록 불편한 상황을 '해결'해야 한다. 이를 인지만 하더라도, 변화는 시작될 수 있다.

남이 만든 이미지에 속지 않기

여전히 다른 무엇보다도 이미지가 중요하게 느껴진다면, 잠깐 멈춰서 현재 내게 어떤 것이 중요한 건지 찬찬히 우선순위를 매겨 보자. 생각해보면, 외부에서 매겨지는 평판이, 나의 실제 업무 성과만큼 중요할 순 없다.

게다가 그 평판을 챙긴다고 내 이미지가 좋아진다는 보장도 없다. 회사는 결국 '일'을 하기 위한 공간이기에 실적 없는 평판은 가치가 떨어지기 때문이다. 따라서, 나의 이미지는 내가 생각한 만큼 중요한 것이 아닐 가능성이 크다.

그리고 무엇보다 나 자신을 위해서라도 시선을 내 안으로 비춰보기를 권한다. 우리가 사는 문화권에서는 평판과 체면을 중시하기에 타인의 평가로부터 완전히 자유롭긴 어려운 것은 사실이다. 그렇지만, 다른 이들의 평판을 지나치게 신경 씀으로써 얻게 되는 스트레스는 나의 행복을 갉아먹는다.

그러므로, 타인이 내게 내리는 평가가 긍정적이지 않은 순간에도 나의 존재 가치가 흔들리지 않을 수 있도록 내가 나에 대해 꾸준히 알아가는 것이 중요하다. 또한, 콤플렉스를 가리고자 겉으로 드러나는 이미지에만 치중하며, 나의 소중한 관계들을 놓치고 있진 않은지 돌아보아야 한다.

타인의 평가는 타인의 것이다. 나의 숙제가 아닌 그들의 숙제다. 나는 그저 내가 할 수 있는 만큼만 평판을 관리하면 된다. 다른 사람이 날 어떻게 판단할지는 그냥 그들이 알아서 하도록 내버려 두자. 내 삶의 일거수일투족을, 남들의 시선에 연연하며 지배당할 필요는 없다.

3

넘어졌다면, 일어서면 그만이다

일어나게 만드는 힘

누구나 살면서 위기를 겪는다. 위기는 한꺼번에 몰려오는 경우도 있고, 드문드문 찾아올 때도 있다. 상황적인 변수는 우리가 통제할 수 없는 영역의 일이다. 그래서 우리는 우리보다 더 큰 존재, 혹은 눈에 보이지 않는 존재에게 의지하면서 위안을 얻기도 한다.

그런데 어떨 땐 정말 아무것도 도움이 안 될 것 같이 절망적인 상황도 있다. 지금까지 넘어질 때마다 나를 버티게 해주었던 그 무언가가 더 이상 작동하지 않을 때 느끼는 무력감은 매우 고통스러운 감정을 수반한다.

이럴 때야말로 '일어나는 힘'이 필요한 순간이다. 삶에서

한 번씩 넘어졌을 때, 다시 일상으로 돌아가도록 만들어주는 내면의 힘을, 심리학에서는 '회복탄력성'이라고 부른다. 스트레스나 위기, 역경 등에 대한 정신적인 저항력, 혹은 면역성 등을 포괄하는 개념이다.

회복탄력성은 '통제성'과 '긍정성', '사회성'이라는 세 가지 요소로 구성된다. 통제성은 상황, 나의 감정, 그리고 내적 충동에 대해 스스로가 인지하고 조절할 수 있는 능력을 말한다. 긍정성은 말 그대로 현 상황에 만족할 수 있는 능력을 말한다. 마지막으로 사회성은, 살아가면서 인간을 어떻게 바라보고, 어떻게 관계를 맺고 있는지, 나와 다른 타인을 어떻게 바라보는지 등에 대한 이야기다. 이러한 회복탄력성은 중요하다. 같은 위기를 겪더라도 회복탄력성의 크기에 따라 결과가 천차만별로 달라지기 때문이다. 주현 씨와 성진 씨의 상황이 이를 잘 보여준다.

같은 회사 동기인 주현 씨와 성진 씨는 승진 시험을 앞두고 있었다. '승진해야 하는데'라는 생각 자체도 스트레스였지만, 승진 시험에서 탈락했을 때 겪게될 상황도 부담스러웠다. 한 팀에서 승진누락자가 생기면 기다리는 후배들에게까지 피해가 가기 때문이다. 그러나, 시험은 한 번에 통과하기 쉽지 않게 설계되었고 수개월 이상 준비한다고 해도 합격을 장담하기 어려웠다.

주현 씨와 성진 씨는 아쉽게도 둘 다 승진 시험에서 탈락하고 말았다. 결과를 통보받은 후 그들의 모습은 며칠간은 비슷했다. 초조한 모습, 다른 사람들의 시선 등으로 스트레스받는 모습은 대부분의 사람이 보이는 자연스러운 반응이었다. 그런데 두 사람의 차이는 몇 주가 지나고부터 크게 드러났다. 특히 다음 승진 시험을 대하는 태도에서 확연한 차이가 나타났다.

주현 씨의 경우, 회복탄력성의 요소 중의 하나인 통제성이 높았다. 그는 문제 상황을 과학적으로 분석할 수 있는 능력이 있었다. 주현 씨는 승진 시험 결과리포트, 즉 데이터를 면밀하게 분석했고, 승진 시험의 탈락 이유를 찾았다. 그리고는 본인에게 부족했던 역량이 무엇인지를 알아냈다.

곧이어 그는 역량을 키우기 위해 수업을 듣고, 훈련에 매진하기 시작했다. 탈락했단 사실에 부정적인 감정이 들었지만 그 불편한 감정조차 자신의 일부로 받아들이기로 했다. 현 상황에서는 힘든 감정을 받아들이는 것 말곤 다른 방법이 없었기 때문이다. 회복탄력성의 또 다른 요소 중 긍정성이 발휘된 순간이었다.

성진 씨의 경우는 달랐다. 결과리포트가 발송된 이메일의 첨부파일을 열어보지도 않았다. 도대체 자신이 왜 떨어졌는지 납득하지 못하겠다며 분개했다. '한 문제만 더 맞혔어도 합격인데 아깝다! 분하다!'라는 생각에 빠져 부정적인 감정에 매몰되었다.

그는 회복탄력성을 구성하는 요소 중 하나인 통제성, 그 중에서도 특히 감정에 대한 통제성이 약했다. 게다가 상황에 대해서도 객관적으로 평가하지 못했다. 시험 문제를 왜 그렇게 냈냐며 인사과와 평가 기관만 탓했다. 애초에 왜 승진제도가 이렇게 생겼는지 납득하기 어렵다는 생각에서 빠져나오질 못했다. 스트레스는 날이 갈수록 심해졌고, 불면증이 생겨 수면제 없이는 잠도 몇 시간 자지 못하는 상태에 이르렀다. 회복탄력성의 요소인, 긍정성의 측면에서도 낙제수준이었다.

둘 다 똑같이 승진 시험에서 떨어졌지만, 통제성이 큰 주현 씨는 자신이 할 수 있는 것에 집중했고, 그럴수록 스트레스는 관리하기 쉬워졌다. 반면, 회복탄력성이 낮은 성진 씨는 자신이 할 수 없는 일에 집중했다. 인사제도나 평가 기관의 출제 경향, 그리고 무엇보다도 지나간 승진 시험의 결과에 집착했다. 도저히 스트레스를 관리할 수 없었다.

결국, 다음 승진 시험에서 두 사람은 서로 다른 결과를 가져왔다. 결과리포트의 데이터 분석에 집중했던 주현 씨는 결국 시험에서 상위권의 성적을 받으며 승진을 이뤄냈다. 성공적으로 위기를 극복한 것이다. 반면, 깊은 실의에 빠졌던 성진 씨는 또다시 탈락하고 말았다.

넘어졌을 때 할 수 있는 일

이 사례에서 우리가 배울 수 있는 점은 분명하다. 넘어지는가 아닌가의 여부가 중요한 게 아니라 다시 일어날 수 있는지, 얼마나 빠르게 일어날 수 있는지가 중요하다는 것이다. 상황이 나에게 친절하지 않은 여건에서, 내가 할 수 있는 것에 집중하지 못하면 상황은 악화된다. 회복탄력성의 요소인 통제성을 놓쳤기 때문이다. 회복탄력성의 세 요소는 서로 영향을 주고받기 때문에, 통제성의 결여는 긍정성을 떨어뜨리고, 긍정성은 사회성을 떨어뜨려 회복은 더욱 멀어지게 된다.

만약 지금 이 순간 괴로운 상황 때문에 힘들다면, 그 무엇보다도 내가 할 수 있는 게 무엇인지부터 찾아내어 보자. 회복탄력성의 한 요소인 통제성을 적극 발휘해 보는 것이다. 그리고 회복탄력성을 높이는 행동들을 하나씩 더해 가는 거다. 예를 들어, 아무리 안 좋은 상황이더라도 긍정적인 측면을 찾아내려고 의도적으로 노력하는 것, 내가 신뢰할 수 있는 사람들에게 나의 상황을 솔직하게 이야기하고 도움을 요청하여 사회적인 자원을 사용하는 것 등이다.

이렇게 회복을 돕는 '행동'을 더하다 보면 결과적으로 회복탄력성이 단단해진다. 회복탄력성도 개발이 가능한 마음의 영역이기에.

혹시라도 넘어질까 두려워 발걸음을 붙이고 있다면 스스로에게 말해 주자. 넘어지지 않는 사람은 어디에도 없다고. 넘어지더라도 다시 일어서면 그뿐이라고. 무엇보다도 나 자신을 위해 회복탄력성을 꾸준히 길러 간다면, 넘어질 때 잠깐은 아플 수 있어도 더 이상 일어나지 못할까 봐 두렵지는 않게 될 것이다. 나는 다시 일어설 수 있는 사람이라는 경험치가 내 안에 차곡차곡 쌓이기 때문이다.

4

비교는 절망의 지름길이다

평범하게 사는 건 왜 힘들까

'나름 열심히 살았는데 왜 나는 남들처럼 안 되지?'

내 마음이 지옥일수록 잘 사는 것처럼 보이는 사람들이 더 눈에 띈다. 인스타그램과 같이 빛나는 순간만을 드러내도록 설계된 소셜미디어일수록 이런 현상을 더욱 부추긴다. 다들 평탄하고 평범하게 살아가는데 나만 이렇게 넘어진 채로 있는 게 아닌가 싶어 불안하기까지 하다.

남들과 비교하는 대표적인 예가 결혼이다. 특히 스물아홉, 서른, 서른하나에는 친구가 결혼한다는 소식만으로도 큰 스트레스를 받을 수 있다. 결혼을 해야 한다고 생각하는 경우라면 또래들이 결혼할 때 나도 해야 할 것 같은 분위기에 휩쓸리지 않기란 쉬운 일이 아니기 때문이다. 마땅히 해야 하는 걸 못하고 있는 느낌은 나를 작아지게 만드는 흔한 생각이다. 남들보다 우월하고 싶은 마음도 있지만, 우월하진 못하더라도 남들만큼 평범하고 싶은 마음이다.

이때 우리는 '남들처럼'이라는 말을 잘 살펴볼 필요가 있다. 많은 사람들이 "내 주변에 있는 사람들은 모두 서른 전에 결혼했어요. 남들처럼 서른 전에 결혼하지 못하면 늦은 거예요"라고 말하곤 한다.

그러나, 실제 조사 결과에 따르면 2020년 기준으로 20대 미혼 비율은, 남성은 95%, 여성은 90%다. 서른 전에 결혼한 여성들은 2020년 기준으로 10%밖에 안 된다는 얘기다. 30대 미혼 비율은 남성은 51%, 여성은 34%로 나타난다. 대략 30대 남성의 둘 중 한 명은 미혼이며, 30대 여성의 셋 중 한 명이 미혼이라는 말이다.

그러므로, 많은 이들이 자기 주변 사람들만 보면서 '남들처럼' 살기 위해서는 서른 전엔 결혼해야 한다고 말하는 건 틀렸다. 자신의 주변 사람들은 전체 인구집단이 아니고 지극히 편향된 표집이기에 실제 통계와 다르기 때문이다.

평균을 논하고자 한다면, 그 평균은 통계적인 개념이

어야만 한다. 내 눈에 보이는 사람들은 통계적인 개념에서 전체 인구집단이 아니다. 오히려 나의 관점과 가치관 혹은 내가 속해 있는 환경에 따라 매우 편향되어 있을 가능성이 높다.

평범이란 존재하지 않는다

제대로 된 비교 집단이었는지 확인하는 것 외에도, '남들처럼'이라는 말을 할 때 살펴보아야 할 것이 있다. 바로 '시대의 흐름'이다. 시간이 지날수록 각 개인의 삶은 셀 수 없이 다양해지고 있다. '몇 살에 졸업해서, 몇 살에 취직하고, 몇 살에 결혼해서, 몇 살에 애를 낳는다'와 같은 고전적 인생 모델에 맞추어 사는 사람이 점점 줄어들고 있다는 말이다.

고전적 인생 모델이 실제로 평범하다 여겨졌던 시절도 있었다. 20년 전이다. 이때는 30대 남성의 미혼 비율이 19%, 30대 여성의 미혼 비율이 8%에 불과했다. 30대 여성의 92%가 결혼을 했다. 곧 8%에 속하게 될 미혼 여성이 결혼을 걱정하는 건 흔한 일이었다. 이즈음 돌풍을 일으켰던 드라마 〈내 이름은 김삼순〉의 서른살 김삼순이 노처녀라고 놀림받고 주눅 들었던 것처럼 말이다.

그런데 2021년의 시점에서 과거의 인생 모델을 끌어와 내 인생이 평범하지 않다고 생각하는 것은 논리적으로 타당하지 않다. 앞서 말했듯이, 실제 통계에 따르면, 대한민국 30대 미혼 비율은 1990년 이래로 꾸준히 상승했기 때문이다.

더 중요한 사실은 '결혼'이라는 변수가 인간의 삶을 설명하는 데 있어 존재하는 수많은 변수 중에 하나에 불과하다는 것이다. 그리고 그 변수 하나가 달라진다고 해서 우리 인생의 평균값이 달라지진 않는다.

인생 전체를 설명하는 평균이 존재하려면 단 하나의 척도에 모든 인간을 일차원적으로 나열할 수 있어야 한다. 그러나 인간은 단 하나의 척도로 설명할 수 없는 복합적인 존재이므로 단 하나의 척도에 일원적으로 나열하는 건 불가능하다. 한 인간이 가진 특성, 예를 들어 취직 여부, 자녀 유무 등 각각의 요인은 일차원적으로 나열할 수 있지만, 인간의 인생 전체를 하나의 척도로 규정할 순 없다.

그러므로 평균적인 인생이란 존재할 수 없는 허구의 개념이다. 하나의 척도를 가지고 평균에서 벗어났는지, 아닌지를 남들과 비교하는 자체가 무의미하다. 게다가, 비교를 하더라도 논리적으로 타당하게 비교할 가능성도 거의 없으니 비교 자체가 무슨 의미가 있단 말인가.

남들과의 비교는 무의미하다

“남들은 OOO해요.”

이렇게 ‘남들’이라는 어휘를 많이 사용하는 사람일수록 스스로 판 함정에 빠지기 쉽다. 엄마 친구 딸과 비교하고, 직장 동료와 비교하고, 인스타그램에서 본 누군가와 비교하는 습관은 스스로를 불행에 빠트리는 쉬운 방법이다.

왜 우리는 누가 나를 남들과 비교하면 그렇게 싫어하면서도, 자기 스스로 남들과 비교하면서 불행의 늪으로 걸어 들어가는 것일까.

‘남들’이라는 어휘를 자주 쓰는 것 자체가 불행한 인생을 만든다. 이는 곧 세상에 대한 편향되고 왜곡된 인식을 반영하는 데 연료로 쓰일 것이다. 그러니 나는 괴롭고 남들은 잘 사는 것처럼 보인다면 스스로에게 말해주자. 우선 그것은 통계적으로 타당하지 않다고. 내가 잠시 부정적인 감정에 휩싸여 현실을 왜곡하여 보고 있을 뿐이라고.

그럴 땐 안 그래도 힘든데 비교까지 해서 힘들어진 나의 감정을 바라보자. 무의미한 비교 습관은 끊어버리자. 나 또한 하나의 귀한 인생이다. 그 어떤 것과도 비교할 이유가 없는 나만의 빛으로 내 삶을 가꿔가는 것이 진정 나를 돕는 길이다.

5

편집된 인생에 휘둘리지 말자

보여지는 모습은 모두 가짜다

앞에서는 '통계적'인 비교에 초점을 뒀다면, 이번엔 '비대칭적'인 비교가 가진 오류에 초점을 두고 얘기할 것이다. 두 장에 걸쳐 얘기할 만큼 비교중독에 걸려 넘어지는 우리가 참으로 많으며 그 양상도 조금씩 차이가 있기 때문이다.

'저만 빼고 왜 이렇게 다들 잘 나가는 거예요? 인스타그램에서 보니까 그렇던데요!'

인스타그램은 일상에서 가장 빛나고 멋져 보이는 찰나의 순간만을 편집하여 올리기 쉽게 만들어진 매체다. 한 장의 사진만으로 사람들의 시선을 끌 수 있도록 구성되어 있기도 하고 어플 자체에 사진 보정 기능이 탑재되어 있기도 하다. 그렇게 우리는, 타인에게 보여주고 싶은 모습만 보여줄 수 있도록 만들어진 공간 안에서 타인의 가장 행복해 보이는 파편적 모습과 나의 인생 전반을 비교하게 된다.

이때의 비교는 그 자체가 비대칭적이다. 빛나는 사진으로 가득한 인스타그램 피드에는 그 사람이 인생에서 겪고 있는 고통과 번뇌, 남에게는 결코 보이고 싶지 않은 어두운 면 등이 보이지 않는다.

당장 나만 해도 어떠한가. 타인에게 절대 보이고 싶지 않은 치부를 인스타그램에 올리지는 않을 것이다. 이것이 우리가 타인의 인생과 나의 인생을 '타당하게' 비교할 수 없는 이유다.

우리가 타인의 인생에 대해 알고 있는 정보는 지나치게 적다. 의도적으로 보여주고자 편집한 모습, 지인의 지인을 거쳐 어쩌다 들리는 파편의 정보만 알고 있을 뿐이다. 그 외의 것은 대부분 추정이다. 반면 나의 인생은 내가 경험한 것이기 때문에 나 자신조차 알고 싶지 않은 면, 어두운 면까지 속속들이 잘 알고 있다. 그러니 이러한 비대칭적인 비교, 즉 남들의 하이라이트 씬과 나의 비하인드 씬을 비교하는 건 불행을 불러올 수밖에 없다.

모두가 저 나름대로 힘들다

성과에 대해서도 마찬가지다. 무슨 일이든 일정한 성과가 나오기 위해서는 어느 정도의 고충과 노력이 필요하다. 그런데 우리는 타인이 겪는 고충과 노력에 대해서는 잘 모른다. 특별히 관심을 갖지도 않는다.

저변에 깔린 고충과 노력은 눈에 보이지 않지만, 성과는 겉으로 드러나기 때문에 눈에 띈다. 그래서 타인의 성과는 마치 마법을 써서 무엇인가를 이루어낸 것처럼 보인다. 사실은 마법을 쓴 것이 아니라 내가 사정을 잘 모를 뿐인데 말이다.

반면, 내가 겪는 고충과 노력은 나 자신이 겪는 것이기 때문에 아주 잘 알고 있다. 그렇기에 타인의 성과와 나의 고충을 비교하는 것 또한 비대칭적인 비교이다. 이런 식으로 비교를 하면 나만 빼고 모두가 잘사는 것 같다는 비극적인 결론이 나올 수밖에 없다.

"친구의 친척은 부모님으로부터 부동산을 물려받았다는데, 저는 아직 내 집 마련도 못 했어요."

친구의 친척이 얼마나 부모님께 효도하느라 애쓰고 있는지, 삶에 이것저것 간섭을 감수하는 고충을 겪고 있는지, 이러한 간섭으로 얼마나 날마다 깊은 고민을 하고 있는지, 그 사람의 삶에 대해서 아무것도 모른다. '부동산을 물려 받았다'는 겉으로 드러나는 파편적인 정보만 알 뿐이다.

"동기들은 모두 승진 시험에 단번에 합격했는데, 저는 두 번이나 떨어졌어요."

합격한 동기들이 승진 시험을 위해 얼마나 치열하게 노력했는지, 그 과정에서 스스로의 약점을 극복하기 위해 어떤 고충을 겪었는지, 동기들의 경험에 대해서 모른다. 결과적으로 합격했다는 성과만 알 뿐이다.

이제 이 질문에 대해 다시 생각해 보자.

"내 인생은 이렇게 힘든데 왜 다들 순탄해 보이죠?"

다른 사람이 순탄하게 사는지 아닌지 가볍게 논할 수 없다. 다른 사람들의 삶에 대해 제대로 알지 못하기 때문이다.

누군가의 인생이 쉬운지 어려운지를 내가 가지고 있는 정보만으로 판단할 수는 없다. 순탄해 보이는 특정한 순간만 맥락 없이 편집해서 보면, 누구의 인생이라도 순탄하게 보일 수 있다. 그 사람들이 실제로 잘살고 있는 게 맞는지 확인해 보아야 한다.

만약 잘살고 있다면 그 사람이 지금의 성과를 위해 어떤 고충을 겪었는지 생각해 보자. 내가 놓쳤던 이면에 수많은 노력이 있을 것이다.

사실, 다른 사람들의 삶에 고충이 있고 없고의 여부를 떠나서 정말 중요한 건, 지금의 내가 이 삶에서 겪고 있는 고충의 무게가 힘겹다는 사실이 아닐까. 그러니 비교 때문에 힘들수록 비대칭적인 비교는 타당하지도 않으며 불행을 부를 뿐이라는 것을 기억하자. 그것이 나에게 이로운 접근이다.

6

당신은 늘 나아지고 있다

과거의 당신과 지금의 당신은 다르다

상담 수련생 시절, '내가 상담전문가처럼 안 보이면 어떡하지?' 걱정하며 속으로 벌벌 떨면서 학생들을 만났던 기억이 또렷하다. 내가 잘 모른다는 것을 들킬까 봐, 나의 약점을 들킬까 봐 불안했다.

시간이 흐른 지금, 나는 더 이상 전문가처럼 보이려고 하지 않는다. 상담심리사로 일하면서 성격이 변한 것이다. 모르는 걸 모른다고 말하지 못했던 겁 많던 나는, 모를 땐 모른다고 허심탄회하게 이야기할 수 있는 내가 되었다. 나의 약점도 풀어놓고 얼마든 이야기할 수 있게 된 것이다.

이처럼 성격은 변한다. 그리고 '진짜' 변화는 눈으로 관찰이 가능하다. 생각에서 멈추지 않고 행동으로 변화가 나타나기 때문이다. 다만, 이렇게 변화를 만들어내기 위해서는 조건이 있다. 내가 '진짜' 변하고 싶어야만 변할 수 있다는 것이다.

그렇다면 '진짜' 변하고 싶은 마음은 어떤 걸까? 한마디로 말하면 '해야 한다(must)'라는 당위가 아닌 '하고 싶다(want)'라는 욕구에 기반한 마음이다.

흔히 사람들은 스스로 '해야 한다'고 여기는 것을 자신이 진짜 바라는 것이고, 어떻게든 해내야 하는 것으로 생각한다. 그러나, 실제로는 그렇게 되지 않는다. '해야 한다'고 생각하면서도 이런저런 핑계를 대면서 끝끝내 안 하고 미루기만 했던 일들이 떠오를 것이다. '사실은 이대로 사는 것도 괜찮은데, 조금 불편할 뿐이야', '나는 원래 이렇게 생겼어. 사람 잘 안 바뀌잖아'라는 생각을 하면서 외면하며 마음 한편으로는 불편해하진 않았는가?

이러한 생각이 드는 것은 자연스럽다. 변화를 위해서는 관성을 거스르기 위한 노력이 필요한데, '해야 한다'에서 비롯된 마음만으로는 이 장애물을 돌파하기 쉽지 않기 때문이다. 순수한 자의가 아닌, 누가 하라고 해서(혹은 해야 할 것 같아서) 하는 건, 실패하게 되면 그 사람 탓 혹은 상황 탓으로 빠져나갈 수 있다. 스스로의 희생이나 노력으로 그 상황을 뚫어낼 만한 힘이 턱없이 부족한 상황은 계속되는 것이다.

그러므로, 만약 목표까지 도달하는 과정이 쉽지 않고 어려워서 피하고 싶은 마음이 자꾸만 든다면, 사실은 그것을 별로 안 하고 싶은 건 아닌지, 즉 원래 살던 대로 살고 싶은 것은 아닌지 의심해 보는 게 합리적이다. '지금까지와는 다르게 해야 되는데'라고 생각하며 '해야 한다'는 관념을 강화해 봤자 마음의 부담만 하나 더 생길 뿐, 어차피 살던 대로 살게 되기 때문이다.

그럴 바에야 원래 살던 대로 살고 '해야 한다'라는 생각을 보내줌으로써 불필요한 스트레스를 줄이는 편이 내 마음을 위하는 일이다.

하고 싶다면, 하게 된다

반면, '해야 한다'고 여기는 게 아닌, 자신이 정말 '하고 싶다'고 생각한 건 어떤가? 어떻게 해서든 해내었을 것이다. 사람은 해야 하는 것보다 결국 하고 싶은 것을 선택하는 존재이기 때문이다. 우리는 '하고 싶다'고 생각하는 것에 기꺼이 노력과 대가를 지불한다. 관성 때문에 단기적으로는 오히려 불편함을 초래하지만 더 멀리를 내다보고 과정의 힘듦을 감내한다. 자신이 원해서 스스로 선택했기에 결과에도 적극적으로 책임을 지려는 것이다.

결국, 인간의 행동을 실제로 이끌어 내는 건 '해야 한다'는 당위가 아니라 '하고 싶다'는 욕구이며, 이것이 바로 진짜 변화를 바라는 마음이다.

그러니, 자꾸 변화를 고민하고 있다면, 스스로에게 물어보자.

'이것이 내가 해야 한다고 생각해서 하는 게 아니라 하고 싶어서 하는 선택이 맞는가?'

'변하기 위해서는 상당한 노력이 필요하다. 그 과정이 결코 쉽지 않다는 것을 인정하는가?'

'노력의 결과가 지금 당장 나타나지 않을 수 있는데, 이 모든 걸 감수하고도 나는 여전히 변화하고 싶은가?'

이 질문에 모두 '그렇다'라고 대답할 수 있다면, 변화는 가능하다.

행복한 삶을 위한 선택이 지금 당장은 불편한 것이 자연스럽다. 지금껏 살아왔던 내 모습을 그대로 유지하려는 관성이 존재하기 때문이다. 하지만, 진정 변화를 바란다는 결론에 이르렀다면, 기꺼이 대가를 지불할 차례다. 그렇게 해서 지금까지와는 다른 행동, 다른 사고방식, 다른 가치관으로 살다 보면, 어느 순간 더 행복해져 있는 자기 자신을 발견하게 될 것이다.

변화는 이토록 꾸준한 실천이 필요하며, 자신이 변하기로 한 이상 그 끝은 없다. 마음의 전문가라는 자격을 취득하고 십 년 차를 넘긴 상담심리사인 나 또한 변화를 위해 여전히 노력 중이다. 구체적으로 말하자면 성격을 다듬어가는 중이다. 내 삶을 망가뜨리려 하는 함정들을 그때그때 발견하여 내가 원하는 변화를 위해 꾸준히 새로운 행동을 시도하며 살아간다.

당신은 어떠한 변화를 선택할 것인가? 해야 하는 것이 아닌, 하고 싶고 원하는 것 말이다. 이 질문의 답에, 이 책에서 얘기한 수많은 이야기가 도움이 되길 간절히 바란다.

7

지금 행복해야 평생 행복하다

오늘의 나도 아름답다

업무상의 이유로 프로필 사진이 필요할 때가 종종 있다. 나는 한 번 찍어둔 사진을 계속 쓰지 않고, 일 년에 한 번 정도는 사진관에 가서 새롭게 사진을 찍는다. 작년의 내 얼굴과 올해의 내 얼굴이 다름을 스스로 느끼기 때문에 이왕이면 현재 얼굴과 가장 비슷한 얼굴이 담긴 사진을 보내기 위함이다.

얼마 전에도 사진관에 갔다. 언제나 어색한 촬영이 끝난 후, 사진관 주인이 건네준 출력본을 봤는데, 표지에 쓰인 문구를 보고 흠칫했다.

'오늘 당신이 제일 예쁘다.'

예쁘다는 칭찬을 들은 것 같아 내심 기분이 좋으면서도, 한편으로는 이런 목소리가 내 안에서 흘러나왔다.

'어? 아닌데…. 매년 흰머리도 늘고, 나잇살도 늘어나는데! 난 예전이 예뻤는데?'

그러면서도 다시 나 자신에게 차근차근 말해주었다.

'그때는 그때대로 매력이 있었고, 지금은 지금대로 내 매력이 있지 않겠어?'

그런 생각을 하다 보니, 과거의 나를 그리워하거나 오지도 않은 미래의 나에 대해 불안해할 필요는 없다는 결론을 내리게 됐다. 어차피 과거의 나도 나이며, 현재의 내가 쌓여 미래의 나도 있는 것임을 알고 있기에. 그제야 잠시 흐트러졌던 나의 마음이 현재에 안착했다.

어쨌든 우리는 오늘을 산다

우리는 시간을 과거, 현재, 그리고 미래로 나누어 생각한다. 사람마다 성격이 다르듯, 자신에게 주어진 시간을 바라보는 모양도 제각각 다르다.

과거에 마음을 두고 살아가는 사람은 한참을 꺼내도 끝이 없을 것 같은 가슴 깊숙이 박힌 상처를 안고 살아간다. 미래에 마음을 두고 살아가는 사람은 불확실한 앞날에 어떤 일이 벌어질지 몰라 두려움에 떨며 살아간다.

안타깝게도 우리가 과거나 미래에 마음을 두는 사이 흘러간 '지금 현재 여기'는 우리를 기다려 주지 않는다. 맛있는 음식을 앞에 두고서도 내일 해야 할 업무를 걱정하는 사람은 그 음식을 온전하게 맛볼 수 없다. 지금 내 앞에 있는 연인을 보면서도 지나간 연인과 비교하는 사람은 그 사랑을 온전히 만끽하고 감사할 수 없다. 그리고 시간이 지난 뒤, 그때가 소중했음을 떠올리며 한탄하게 된다.

이토록 현재는 무엇과도 바꿀 수 없이 값지고 소중하지만, 우리의 마음은 종종 현재에서 벗어나곤 한다. 그러나, 아이러니하게도 현재를 살기 위해서 우리가 꼭 봐야 할 과거도 있다. 바로, 현재에 영향을 미치는 '살아 있는 과거'다.

해소되지 않은 과거의 감정은 귀신같이 따라오기에, 이를 충분히 다뤄야 현재에 집중할 수 있는 내가 된다. 미래도 마찬가지다. 현재의 내 삶에 방해가 될 정도로 영향을 주는 미래에 대한 생각은 다루고 넘어가야 한다. 그렇지 않으면, 온갖 부정적인 일들을 구체적으로 시뮬레이션하고 있느라 현재가 잡아먹히고 만다.

과거의 상처를 치유하고, 미래에 대한 부정적인 마음을 달래는 일이 선행되어야 하기에, 현재를 사는 건 쉽지 않다.

어디에서도 배운 적이 없기에 혼자서는 어렵게 느껴지는 게 자연스럽다. 다행히도 '마음'은 스스로 돌볼 수 있는 여지가 큰 영역이다. 따라서, 내가 마음속에 어떤 감정을 켜켜이 쌓아두고 여기까지 살아왔는지 진심으로 궁금해 보는 것부터 시작하면 얼마든지 현재에 충실하게 살아가는 내가 될 수 있다.

지난날의 아쉬움 없이 늘 설레기를

마흔이 되기 전, 서른아홉의 나는 그 어느 때보다 내년을 궁금해 했다. 새로 다가올 한 해가 궁금했다기보다는 '마흔'이라는 나이가 될 내가 궁금한 것이었다. 마치 갑자기 1월이 되면 내가 완전히 다른 사람으로 변신하게 될 것처럼 말이다.

마흔이 된 지금, 서른을 떠나보낸 서운함보다는 설렘이 조금 더 크게 느껴진다. 사십 대 또한 내가 나의 자유의지로 만들어갈 영역이 충분히 있다는 걸 이젠 알아서일까. 내가 예상하지 못할 일들이 또 나를 찾아오겠지만, 나는 그저 내가 할 수 있는 것을 하며 살아갈 거라는 걸 삼십 대 내내 학습했다.

그래서 이젠 지난날에 대한 한탄이나 미래에 대한 두려

움이 날 넘어지게 만들지 못한다. 잠시 삐끗했다가도 다시 바로 설 수 있는 내가 되었다. 삐끗했을 땐, 삐끗한 내 발목을 풀어주기 위해 잠시 멈춰 설 수 있는 여유도 생겼다. 넘어져도 일어날 수 있다는 걸 배우며 오늘도 조금씩 성장 중이다.

내가 어디서 넘어지는지를 바라볼 줄 아는 눈이 생기면 좋은 점이 있다. 바로, 내가 나를 데리고 살아가는 데 불편함이 줄어든다는 것이다.

내가 나로 살아가는 일이 쉬운 사람이 별로 없는 우리네 삶에서 이만큼 반가운 일은 별로 없다. 한 번 살아가는 이 세상에서 스스로에게 조금 더 너그러워지고, 조금 더 관대해질 수 있다면 내 곁에 그 사람들에게도 조금 더 다정한 내가 될 수 있다. 그렇게 우리는 나 자신과도, 타인과도, 이 세상과도 연대하며 살아갈 수 있게 된다.

인생은 언제나 지금부터다. 과거의 나와 미래의 나를 모두 끌어안은 내가 지금을 살아가는 일에 충실한 것. 그렇게 살 수 있다면 어떠한 감정의 파도가 몰아치더라도 우린 다시 일어날 수 있다. 현재의 나는 그때의 나보다 훨씬 더 강하기에. 지금 할 수 있는 것에 충실한 나는 먼 훗날 든든한 나의 역사가 되어 줄 것이다.

인용 출처

1-1. 내가 나를 가장 모른다

김병석 등. (2011). 《공감 그 이상을 추구하며》, 학지사.

1-3. 감정과 싸우지 마라

Jude Cassidy, Ross D. Parke, Laura Butkovsky and Julia M. Braungart. (1992). 〈Family-Peer Connections: The Roles of Emotional Expressiveness within the Family and Children's Understanding of Emotions〉, Child Development, 63(3), 603-618.

1-4. 내가 나를 멀리할 때 외로워진다

서영석, 안수정, 김현진, and 고세인. (2020). 〈한국인의 외로움(loneliness): 개념적 정의와 측정에 관한 고찰〉, 한국심리학회지 일반, 39.2, 205-247.

1-5. 진짜 외모는 자존감에서 나온다

김지효. (2020). 〈20대 여성의 인생사진 문화 연구〉, 국내박사학위논문, 서울대학교 대학원.

장지성, 송혜윤, 이재흔 and 지승현. (2019). 〈1534 남성 외모 관리 실태 및 인식 조사: 주류로 부상한 밀레니얼과 Z세대 그루밍족 살펴보기(Survey on 1534 men's appearance and care awareness: Explore the mainstream millennials and generation Z grooming), University Tomorrow Research Laboratory for the Twenties. Retrieved from https://www.20slab.org/archives/33585.

2-5. 눈치가 늘어날수록 삶은 피폐해진다

허재홍, 박원주. (2013). 〈눈치척도 개발 및 타당화: 대학생집단을 대상으로〉, 상담학연구, 14(6), 3537-3555.

2-7. 무례함과 예민함을 구분하자

강정은. (2013). 〈초기부적응도식이 대학생의 스트레스 반응에 미치는 영향〉, 국내석사학위논문, 대구대학교 대학원.

3-6. 집중력이 없는 게 아니라 불안한 것이다

Killingsworth, M. A., and Gilbert, D. T. (2010). 〈A wandering mind is an unhappy mind〉, Science, 330(6006), 932-932.

4-4. 모든 사랑은 변한다

Brennan, K. A., Clark, C. L. and Shaver, P. R. (1998). 〈Self-report measurement of adult attachment: An integrative overview〉.

Roux, B. (2020). 〈Identification and Delineation of the Dynamic Causes of Repetition Compulsion Activity in Romantic Relationships: An Object Relations Formulation〉, Doctoral dissertation, University of Essex.

5-1. 원래 그런 것은 없다

Young, J. E. (1999). 〈Cognitive therapy for personality disorders: A schema-focused approach〉, Professional Resource Press/Professional Resource Exchange.

5-3. 넘어졌다면, 일어서면 그만이다

Baker, D. S. & Carson, K. D. (2011). 〈The two faces of uncertainty avoidance: Attachment and adaptation〉, Journal of Behavioral and Applied Management, 12(2), 128-141.

신우열, 김민규, 김주환. (2009). 〈회복탄력성 검사 지수의 개발 및 타당도 검증〉, 한국청소년연구, 20(4), 105-131.

5-4. 비교는 절망의 지름길이다

유튜브 슈카월드, 〈결혼 안 하는 사회〉, https://youtu.be/4Jpysdqic_A

나를 아프게 한 건 항상 나였다

초판 1쇄 발행 2022년 05월 02일
초판 15쇄 발행 2024년 12월 03일

지은이 이혜진
펴낸이 이부연
책임편집 백운호
디자인 유어텍스트

펴낸곳 (주)스몰빅미디어
출판등록 제300-2015-157호(2015년 10월 19일)
주소 서울시 종로구 내수동 새문안로3길 30, 대우빌딩 916호
전화번호 02-722-2260
인쇄·제본 갑우문화사
용지 신광지류유통

ISBN 979-11-91731-21-7 03190

한국어출판권 © (주)스몰빅미디어, 2022

- 이 책은 저작권법에 따라 보호받는 저작물이므로 무단 전재와 복제를 금지하며, 이 책 내용의 전부 또는 일부를 이용하려면 반드시 저작권자와 ㈜스몰빅미디어의 서면 동의를 받아야 합니다.
- ㈜스몰빅미디어는 여러분의 원고 투고를 기다리고 있습니다. 출판하고 싶은 원고가 있는 분은 sbmedia15@gmail.com으로 기획 의도와 간단한 개요를 연락처와 함께 보내주시기 바랍니다.
- 스몰빅라이프는 ㈜스몰빅미디어의 자기계발 브랜드입니다.

말이 통하기보다
마음이 통하는 사람이 돼라!

센스 있는 말로 마음의 문을 여는 16가지 방법

★★★★★
2017년
NPR
최고의 책

★★★★★
TED
1,500만
조회수

★★★★★
20년차
베테랑
인터뷰어

★★★★★

의사소통이 단절된 시대에 가장 중요한 책이다.
저자 헤들리의 조언은 나의 부부관계, 친구관계, 가족관계가
훨씬 발전될 수 있도록 도와주었다.
– 제시카 레히(《뉴욕타임즈》 베스트셀러 작가)

★★★★★

흥분하지 않고 우아하게 리드하는
말센스

셀레스트 헤들리 지음 | 김성환 옮김

"말을 선택하는 건 당신이지만,
그다음에는 말이 당신을 지배한다!"

심리학과 뇌과학이 밝혀낸 말의 위력!

운명을 바꾸는 말의 법칙

- 걱정하는 말은 정말 현실이 된다
- 말을 바꾸면 생각도 따라서 변한다
- 언어 습관이 행복과 불행을 결정한다
- 슬퍼서 우는 게 아니라 울면 슬퍼진다
- 긍정의 말은 부정적 감정을 없애준다
- 말은 몸의 모든 기관에 영향을 준다
- 언어 패턴이 관계 패턴을 만든다

부와 행복을 끌어당기는

말의 알고리즘

고은미, 김정호 지음

"상처받고 끌려다니는
관계는 이제 그만!"

나만 보고 몰래 써먹는 25가지 심리 솔루션

심리학자, 상담사, 전문작가가
뭉쳐서 만든 인간관계 솔루션!

상대방의 행동에 숨겨진 의도를 파악하고,
내 마음을 온전히 전달할 줄만 알면
인간관계 속에서 일어나는 대부분의 문제는 해결된다.

사람이 어려운 당신을 위한 심리 가이드

인간관계에도
설명서가 필요합니다

센티멘탈 지음

"불행한 마음은 언제나 과거 아니면 미래에서 온다!"

마음이 괴로운 이들을 위한 명쾌한 심리 처방전!

그때그때 가볍게 삶을 즐기는 7가지 원칙

- 행복과 불행은 스스로 정한다
- 사소한 것도 소중히 여긴다
- 절대로 옳은 것이나 그른 것은 없다
- 내 것이 아닌 남의 옷은 벗어 던진다
- 덧없는 것들에 집착하지 않는다
- 상처를 없애려고 애쓰지 않는다
- 바꿀 수 없는 건 그냥 놔둔다

30년 상담 경력을 가진 심리학 교수의 인생 코칭

그때그때 가볍게 산다

장성숙 지음